사회복지기관을 중심으로

성격유형에 따른
조직효과성 분석

사회복지기관을 중심으로

성격유형에 따른 ‖ 김재경 지음

조직효과성 분석

CONTENTS

서 론 제1장

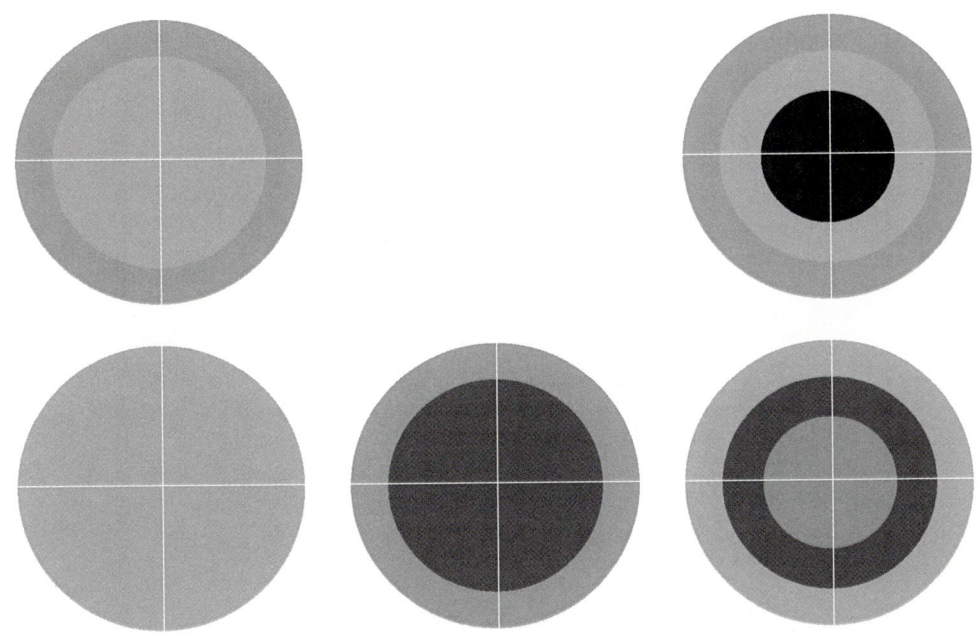

제 1 절 문제제기

지금까지 대부분의 조직들은 변화와 혁신 그리고 개혁이라는 미명 아래 계속적으로 진화해 오고 있다. 이는 비단 민간 부분뿐만 아니라 공공 부분에서도 이루어져 오고 있는 현상이며, 이러한 논의는 조직뿐만 아니라 개인의 역량 부분에도 영향을 미치기 시작하였다. 즉 그동안 조직의 성과를 향상시키기 위해 조직의 형태를 변화시키거나 문화를 변화시켜 왔다면 이제는 조직의 구조뿐만 아니라 개인의 사고 및 특질까지도 변화시켜 조직의 효율성을 달성하기 위해 매진하고 있는 것이다.

이런 현상은 앞서 언급한 대로 민간 부분의 영역뿐만 아니라 공공 부분에서도 공히 일어나고 있는 현상이며, 그에 따라 공공 부분도 민간의 장점을 받아들여 공공의 성과를 위해 개인의 역량강화를 이루고 있는 시점이다. 또한 이것은 본 연구에서 논의하고자 하는 사회복지기관의 조직구성원에도 당연히 적용된다 할 수 있을 것이다.

특히 사회복지기관의 조직구성원의 경우 복지수혜자와 밀접한 연관을 가지고 있어 개인의 역량과 특징이 더욱더 중요하며 따라서 개인의 역량과 특징이 조직의 효과성에 어떠한 관계가 있는지 알아보는 것은 매우 의미 있는 일일 것이다.

본 연구의 첫 번째 질문이 바로 개인의 역량과 특징을 가늠할 수 있는 성격유형이 조직효과성에 미치는 영향을 파악하는 것이다. 즉 개인의 성격유형의 특징을 파악함으로써 그 특징들이 조직에 어떠한 관계가 있으며 어떠한 특징들이 영향을 미치는지 실증분석을 통해 파악하는 것이다.

또한 개인의 리더십을 구분하기 위해 변혁적 리더십, 거래적 리더십 등 많은 개념들이 등장하고 있다. 그러나 이러한 리더십은 결국 어떠한 임파워먼트를 가지고 있느냐에 따라 달라질 수 있다는 여러 선행연구의 결과와 함께 임파워먼트가 조직의 성과에 영향을 미치는지에 대한 연구도 계속적으로 진행되어 왔다.

주지의 사실은 리더십이 결국 조직성과에 영향을 미치는 요인으로 적용할 수 있으며, 리더십을 높이는 방법으로 임파워먼트도 한 요소가 될 수 있다는 것은 결국 임파워먼트가 조직의 성과에 영향을 미친다는 결론을 얻을 수 있을 것이다.

임파워먼트는 결국 환경 그리고 개인의 직무와 그 특성에 따른 양상으로 임파워먼트가 높은 조직구성원들은 조직의 성과에 긍정적인 역할을 할 수 있으며, 따라서 임파워먼트된 조직구성원들과 조직 효과성의 관계를 파악하는 것이 본 연구의 두 번째 질문이라 하겠다.

이러한 두 가지 질문을 통해 본 연구에서는 개인의 성격특성(성격유형)이 조직효과성에 미치는 영향을 실증적으로 분석하고자 하는 것이며, 특히 사회복지기관 조직구성원들의 성격특징과 임파워먼트를 분석함으로써 사회복지기관 구성원들에게 효과적인 성격유형과 임파워먼트를 제공하고, 사회복지기관의 효율적 조직운영에 시사점을 주는 기능을 수행하고자 한다.

결국 급격하게 변화하는 조직환경 속에서 조직의 혁신은 예견된 미래이며, 그렇다면 사회복지를 담당하는 기관과 개인은 어떠한 변화와 혁신을 이루어야 하는가에 대한 논의를 전개하고자 하는 것이 본 연구의 문제제기 이유라 할 것이다.

제 2 절 연구목적

　정보화 사회로의 변화와 함께 급진적 환경변화에 따라 사회복지수요가 급속히 증가하고 있다. 따라서 높은 수준의 사회복지 서비스를 제공하는 것이 사회복지기관 조직구성원들의 목표이며, 이러한 목표를 달성하는 데 기여하는 조직구성원들에 대한 연구는 매우 중요하다.

　그러나 질 높은 사회복지서비스의 제공은 서비스의 기능적인 요소보다는 관련 사회복지기관 내 조직구성원과 복지수혜자 간의 인간관계를 전제로 하고 있는 것이 현실이다. 이러한 인간관계는 결국 조직구성원과 복지수혜자 간의 개인 대 개인의 관계를 전제로 한 것이며, 개인 대 개인의 관계는 여러 성격특성과 관련이 있는 것으로 많은 선행연구에서 보고되고 있다. 또한 성격뿐만 아니라 임파워먼트도 조직효과성에 영향을 미치는 것으로 보고되고 있다.

　최근 조직성과와 관련하여 조직구성원들의 성격특성에 대한 관심이 많아지고 있는 것도 주지의 사실이다. 조직행동연구에서 시스템이론과 상황이론의 전개에 따라 상대적으로 관심을 얻지 못하였던 성격변수가 최근 들어 인간관계에 대한 새로운 이슈가 부각되면서 중요한 연구주제로 등장하기 시작하였다.

　선행연구들에서 개인의 성격이 신뢰성 있는 성과예측변수라는 연구결과들이 발표되면서(Barrick & Mount, 1993; Uhl-Bien & Graen, 1998; Mehra, 1998; Drucker, 1999) 개인의 성격이 조직성과의 중요한 변수로 다루어지고 있다. 또한 Borman과 동료들(1997)은 조직성과가 개인의 능력뿐만 아니라 동기 또는 기질적 요인에 의해 결정되고 이에 가장 많은 영향을 미치는 것이 성격특성임을 언급하기도 하였다.

그 외 국내에서도 사회복지기관 조직구성원들의 조직성과와 관련된 중요 변수로 임파워먼트와 관련하여 많은 연구들이 이루어지고 있는데 이들 대부분은 지역사회복지관의 사회복지사들(윤정혜, 2002), 정신보건 사회복지사(최명민, 2002), 비서(임주영, 1999) 등을 연구대상으로 하고 있으며, 임파워먼트된 조직구성원들을 보유하고 있는 조직이 환경변화에 탄력적이고 구성원의 사기와 직무만족도 간의 중요한 상관관계가 있음을 밝히고 있다.

따라서 본 연구는 사회복지기관의 조직구성원들의 성격특성, 임파워먼트가 조직효과성과 어떠한 관계가 있는지를 파악하는 데 목적이 있다. 즉 사회복지기관에 근무하는 조직구성원들을 대상으로 구성원들의 개인적 성격유형을 파악하고, 이러한 성격특성이 조직효과성과 어떠한 관계가 있는지 밝히고자 한다. 또한 임파워먼트된 조직구성원들은 조직효과성에 어떠한 관계가 있는가를 규명하고자 한다.

이와 같이 연구의 목적을 달성하기 위하여 구체적인 목표는 다음과 같다.

첫째, 사회복지기관의 조직구성원의 성격유형, 임파워먼트, 조직효과성에 관한 문헌적 고찰을 통해 이론적 체계화를 시도하여 연구의 근거로 삼는다.

둘째, 사회복지기관 조직구성원의 성격유형이 조직효과성과 어떠한 관계가 있는지를 알아보고 성격유형 중 어떤 유형이 조직효과성에 가장 많은 영향을 미치고 있는지를 파악하여 연구의 일반화를 시도하고자 한다.

셋째, 사회복지기관 조직구성원의 임파워먼트가 조직효과성에 어떠한 관계가 있는지를 살펴보고, 임파워먼트의 어떤 요인이 조직효과성에 가장 많은 상관성이 있는지를 파악하고자 한다.

제 3 절 연구범위 및 방법

본 연구에서는 앞서 논의한 연구목적을 달성하기 위해 문헌적 연구방법과 실증적 연구방법을 병행하여 활용하였다.

우선 문헌적 연구방법을 통해 본 연구의 주제와 관련하여 사회복지기관 조직구성원의 성격유형, 임파워먼트, 조직효과성에 관한 기존의 이론적 논의 및 실증연구를 중심으로 고찰하였으며, 이를 토대로 하여 연구모형을 설계하고 가설을 설정하였다. 또한 경기 북부 행정권의 사회복지기관에 근무하고 있는 조직구성원들을 실증분석대상으로 하였으며, 설문의 방법은 조사대상자들에게 실험변수들을 인위적으로 조작하여 그 반응을 설문지를 통하여 묻는 방식으로 채택하였다.

이러한 조사결과는 SPSS 12.0 프로그램을 이용하여 이루어졌다. 분석기법으로는 빈도분석(frequency analysis)과 측정항목에 대한 신뢰도분석(reliability analysis), 그리고 타당성을 확인하기 위한 요인분석(factor analysis)을 수행하였다.

이러한 분석기법에 의해 사회복지기관 조직구성원의 성격유형, 조직효과성 간의 유의한 차이를 검증하였고, 또한 사회복지기관에 근무하는 조직구성원의 임파워먼트와 조직효과성 간의 관계를 이해하기 위하여 회귀분석(regression analysis)을 실시하였다.[1]

또한 본 연구의 범위는 크게 시간적 · 공간적 · 내용적 범위로 나누어 다음과 같이 설정하였다.

---

1) 차이의 검증은 우선 전체 설문결과의 분석과 함께 사회복지사 자격증의 유무 그리고 복지기관 유형별 차이에 따라 성격유형, 임파워먼트와 조직효과성과의 관계를 검증하였고, 각각의 요인분석 결과를 통해 회귀분석을 실시하였다.

우선 시간적 범위는 본 연구의 시간적 배경으로 연구가 준비·진행되어 실증조사가 이루어지는 시점을 현재시점으로 설정하였다. 즉 실증조사가 이루어진 2006년 10월을 본 연구의 현재시점으로 설정하였다.

공간적 범위는 본 연구가 진행되는 공간적 배경과 대상에 대한 부분으로 경기 북부 행정권의 사회복지기관에 근무하고 있는 조직구성원들을 대상으로 실증조사가 이루어졌으므로, 공간적 범위는 경기 북부 행정권으로 한정하여 논의한다.

내용적 범위의 경우 본 연구의 5개 장으로, 각 장의 범위 및 내용은 다음과 같다.

제1장에서는 서론 부분으로서 연구에 필요한 문제제기 및 연구목적, 연구의 범위 및 방법을 서술하였다.

제2장에서는 사회복지기관 조직구성원의 성격유형에 대한 이론과 유형 그리고 임파워먼트와 조직효과성을 중심으로 이론적 배경을 논의하였다.

제3장에서는 조사설계 부분으로서 첫째, 선행연구들을 바탕으로 한 연구모형 및 가설을 설정하였으며, 둘째, 측정도구의 선정 및 변수의 조작적 정의를 다루었다. 셋째, 설문지의 구성 및 수집된 자료의 분석방법 및 절차에 대하여 기술하였다.

제4장에서는 본 연구에서 설정된 가설들에 대한 실증분석 및 그 분석결과에 대해 논의하였다.

제5장은 결론 부분으로서 이론적 내용의 요약 및 종합적인 실증적 연구의 결과를 제시·도출하여 연구의 한계와 정책적 시사점을 밝혔으며, 향후 연구의 방향에 대한 연구과제들을 제시하였다.

이론적 논의

제 2 장

제 1 절   5요인 이론과 직무성과

1. 성격의 개념 및 접근방법

1) 성격의 개념

성격은 매우 오랜 시간 동안 사람들의 관심을 끄는 주제였고, 특히 심리학자들에게 있어 성격은 사람들의 특정한 측면이라기보다는 하나의 연구 분야였다.

따라서 성격은 인간의 발달, 정서, 인지, 학습 및 사회적 관계 등의 인접 분야와 중첩되어 다양하게 연구되었으며, 오랜 시간 동안 많은 학자들에 의해 성격에 대한 정의가 이루어졌으나, 형식적인 체계화가 이루어지지 않았을 뿐만 아니라, 학자들 간의 정의도 거의 일치를 보이지 않았다.

이러한 성격(personality)의 어원을 살펴보면 고대 로마의 배우들이 연극무대에서 분장을 하지 않고 얼굴 전체를 가리는 가면인 페르조나(persona)를 착용했는데 이것을 보고 관객은 배우의 태도와 행동을 예상할 수 있었다.(Burnham, 1968) 바로 페르조나(persona)가 성격(personality)의 어원으로 오늘날 우리가 상용하는 성격의 개념은 18세기 이후부터 등장하기 시작하였다. 또한 Sampson(1989)은 성격의 개념이 지금으로부터 200여 년 전에 등장한 것으로 사람을 이해하려는 노력으로 성격에 대한 연구의 중요성을 언급하고 있다.

심리학자들은 주로 성격을 한 개인이 다른 사람과 구별되는 특징, 즉 개인 간의 차이를 의미한다고 하지만 심리학 분야에서도 그 말의 의미에 대해 일치를 보이지 못하고 있다. 따라서 이 의미를 정의하려고 노력하는 심리학자들이 많기 때문에 성격의 개념도 다양하며, 초기 성격의 개념은 "사회적 역할을 수행할 때 한 개인이 취하게 되는 피상적인 사회적 이미지2)"를 뜻하기도 하였다.

근래에 와서는 성격에 관한 정의가 무려 50여 가지나 된다는 미국의 성격심리학자 Allport(1961)의 말대로 이 개념은 다양한 의미를 내포하고 있다. 즉 성격과 유사한 단어로는 인격(character), 기질(temperament), 개성(individuality), 인간성(humanity) 등의 의미가 있으며 학자에 따라 견해를 달리하기도 한다. 이러한 논의에 따라 성격에 대한 심리학자들의 견해를 살펴보면 다음과 같다.

Allport(1961)는 성격을 '환경에 대한 개인의 적응을 결정하는 심신체계인 개인 내부에 있는 역동적 조직'이라고 하였으며, Cattell(1943)은 '특정 상황에서 개인이 어떻게 행동할 것인가를 예측할 수 있게 해 주는 것이며, 인간의 모든 행동과 관련되어 있는 것'이라고 정의하였다.

Eysenck(1945)은 '환경에 대한 개인의 적응을 결정하는 개인적 특성·기질·지능·신체의 비교적 지속적이고 안정적인 조직'으로 정의하였으며, Sullivan(1953)은 '인간생활을 특성화하는 대인관계 상황에서의 비교적 안정적인 양상'으로 성격을 정의 내리기도 하였다.

또한 Mischel(1976)은 '개인이 접하는 생활 상황에 대해 적응의 특성을 기술하는 사고와 감정을 포함하는 구별된 행동패턴'이라고 정의하였고, Phares(1984)는 '시간과 상황에 걸쳐 지속적이며 한 개인을 다른 사람과 구별해 주는 특징적인 사고, 감정 및 행동양식'이

---

2) 사회적 이미지란 개개인의 공적 성격(public personality)이 삶의 역할에 적응하려는 테두리 내에서 씌어진 것이라 할 수 있다.

라고 정의하였다.

이처럼 성격이라는 용어를 정의하려고 시도하였던 학자들만큼이나 그 정의는 다양하겠지만 그럼에도 불구하고 공통적으로 드러나는 특성들이 있다. 그것은 우리가 일반적으로 성격이라고 하는 것이 한 개인의 인생에 대한 여러 가지 상황에 대하여 각 개인의 적응을 특징짓는 사고와 정서를 포함한 독특한 행동양식으로 내포하고 있으며, 그 과정이 지속적이고 일관되게 존재한다는 사실이다.

2) 접근방법

이러한 성격의 개념과 측정은 어떤 심리학적 이론을 배경으로 하느냐에 따라 그 접근방법이 달라지는데, 성격을 이해하고 통제하고자 하는 이론적 접근은 성격이론가들의 개념적 특성에 따라 달리 해석되고 있지만 대체로 인간행동에 관한 기본 가정과 접근방법에 따라서 정신분석적 관점, 성향적 관점, 환경적 관점, 현상적 관점을 채택하고 있다.(Libert & Liebert, 2002)

정신분석적 관점에서의 성격은 사람 내면에 존재하는 힘에 의해 유도된다는 것으로, 이 관점을 지지하는 연구자들은 특정 주제에 대해서는 다르지만 성격이 '모든 인간 행동을 동기화하고 움직이도록 하는 힘'이라는 생각에 초점을 맞추고 있다.

성향적 관점에서의 성격은 초기 그리스 철학까지 거슬러 올라가며, 이 관점에서 성격은 '사람이 각 특성을 어느 정도 소유하느냐'에 대한 논의와 함께 성격을 지속적인 특성으로 보고 있다.

환경적 관점에서의 성격은 '개인에게 영향을 주는 엄청난 수의 외적 조건과 환경으로 형성된다는 것'으로, 특히 사람이 환경과의 상

호작용을 통해 어떻게 배우고 무엇을 배우는지에 대해 관심을 가지
냐에 따라 달라진다는 것이다.

현상적 관점에서의 성격은 '사람이 자신과 자신이 경험하는 타인, 대
상, 사상을 심적으로 표현하는 방식'으로 보며, 이 관점의 기초는 Carl,
Rogers, George Kelly, Julian Rotter 등에 의해 1950년대에 형성되었다.

최근에는 이러한 성격의 개념 정립을 위해 한 가지 측면의 접근
법보다는 성격을 규명하기 위한 여러 관점에서 유용한 개념들을 도
입하여 성격에 대해 규명하고자 노력하고 있다.

2. 5요인 이론의 정립

지금까지 심리학자들이 밝혀낸 성격유형들은 수천 가지에 이르나,
서로 간에 개념차이가 모호한 것도 많고, 개념의 영역이 너무 협소
하여 별로 실천적 의미가 없는 유형들도 많았다. 그러나 최근 학자
들과 조직실무자 간에 조직경영과 관련성이 있는 성격 5요인 이론에
대하여 의견의 일치를 보이고 있다.(백기복, 2002)

주로 성격을 포괄적으로 정의하거나 개인의 성격을 나타내는 상대
적인 고정구조로 설명할 때, 5요인 모형(five factor model)을 사용한
다. 이 모형은 개인을 설명하거나 분류하기 위한 5가지 범주로 조직
연구에서 사용하는 대표적인 성격 모형(personality model)으로 다양
한 개인의 특질(traits)을 포함하고 있다.

Fiske(1949)와 Cattell(1946)은 16개 요인을 이루는 특성들을 요인
분석한 결과, 5개 요인 이상으로 설명하는 것이 부적절하다는 것을

처음으로 발견하였다. 그는 이러한 5개 요인을 '사회적 적응성', '동조성', '성취의지', '정서적 통제', '지적 추구'라고 명명하면서 이러한 명칭은 이후 5요인 모형의 근간이 되었다. 하지만 그 당시 Cattell이 주장한 성격구조가 지배적이었기 때문에 큰 주목을 받지 못했다. 이후 Tupes와 Christal(1961)은 양극단으로 구성된 30개 형용사를 사용하여 요인분석한 결과 Fiske(1949)와 마찬가지로 성격을 5개 요인으로 설명하는 것이 가장 적절함을 발견하고, 5개 요인을 '외향성', '친화성', '신뢰성', '정서적 안정성', '교양'이라고 명명하였다. 그러나 이들의 연구결과는 미 공군의 보고서로만 간행되어 성격이론가들에게 널리 알려지지 못했고, 학계에서는 여전히 성격구조에 관한 Cattell과 Eysenck(1947)의 모형이 지배적이었다. 그 후로 Norman-(1963)이 5요인 모형을 공식적으로 학계에 제안함으로써 5요인 모형이 주목받기 시작하였다. 그는 5개 요인을 '외향성', '친화성', '성실성', '정서적 안정성', '교양'이라고 명명하였고, 이를 계기로 5요인 모형에 대한 지지 연구가 지속적으로 이루어졌으며, 최근까지도 많은 연구들이 5요인 모형의 타당성을 입증하고 있다.

3. 5요인 모형과 구성요소

1) 5요인 모형

Allport, Cattell, Eysenck와 같은 전통적 특성 이론가들 이후 많은 성격특성 이론가들 역시 인간에게 공통적으로 존재하는 성격특성의 범주화에 꾸준한 관심을 가져왔다. 여러 다른 학자들이 다른 관점에서 시작했음에도 불구하고, 어떤 특성이 기본적인가에 관해서는 강한 일치를 보이고 있는데, 이는 성격의 기본구조가 5개의 상위요인으로 합쳐질 수 있다는 것으로 이것을 5요인 모형 또는 Big Five라고 불리게 되었다.(Goldberg, 1981; Wiggins, 1996)

이러한 5요인 모형(Five Factor Model)은 '어휘론적 접근법'과 '질문지법'의 두 가지 접근법에서 연구되었다. 어휘론적 접근법은 인간의 성격특성을 나타내는 형용사를 수집하여 성격특성을 나타내는 단어를 분류하였다면, 질문지법은 성격특성을 나타내는 단어들의 요인분석을 통해 단어들의 근원을 추출하는 것이라고 할 수 있다.

이러한 성격연구는 Costa & McCrae(1992)에 의해 사전적 접근법에서 나온 연구들과 질문지법이 통합되었다. 이들은 Goldberg(1981)가 사용한 양극적 형용사의 쌍 40개(5개 요인에 각 8개씩)에 '신뢰와 폭을 증가시키기 위해' 40개의 쌍을 더 집어넣고 요인분석을 실시하여, Big Five가 고전적 형태의 질문지로도 측정된다는 것을 보여 준 후, 5요인 모형의 유용성과 보편성을 다양한 방식으로 입증하였다.

또한 이들은 결합요인 분석(joint factor analysis)을 이용하여 공통적인 5개의 성격(불안정성, 외향성, 개방성, 수용성, 성실성)을 6년간의 종단 연구를 통해 도출하였고, 그중 4개는 사전적 5요인과 아주 유사하고 다섯 번째 요인은 '체험개방성'에 가까웠으며, 이것은 지금까지 성격 분류의 보편적인 틀로 사용되고 있다.(홍숙기, 2004)[3]

초기에는 성격특성(personality traits)의 구성에 대한 합의적 구조(framework)의 결여가 원인으로 작용하여 성격(personality)에 대한 연구가 타당성이 낮다는 지적을 받았으나,(Barrick & Mount, 1991)

---

3) 본 내용은 홍숙기(2004)의 논문을 기초로 하여 요약·작성하였다.

최근에 성격심리학자들의 연구를 통해 성격이 5개의 요인으로 구성되어 있다는 것에 의견 일치를 보임으로써 5요인 모형이 성격특성을 구분하는 중요한 분류법으로 사용되기 시작하였다.

5요인은 Cattell(1943, 1946, 1947, 1948)의 35개 변수들을 토대로 8개의 표본들에서 나온 상관 행렬을 재분석하여 5개의 비교적 안정적이고 반복적인 요인들을 찾을 수 있었다. 이 요인들은 외향성(extraversion), 호의성(agreeableness), 신뢰성(dependability), 정서적 안정성(emotional stability), 문화(culture)로, Tupes & Christal(1961)이 성격유형 30개의 척도를 5개의 요인으로 분류하여 미국 공군 기술보고서로 제출한 것이 최초였고, 현재까지도 이것은 본질적인 변화 없이 오늘날의 5요인 모형의 원조가 되었다.

Norman(1963)은 Allport & Odbert(1936)의 연구에서 사용한 4500여 개의 형용사 목록에 170여 개를 추가하고 다시 요인분석을 통하여 특징을 구조화하여 외향성(surgency or extraversion), 호의성(agreeableness), 양심성(conscientiousness), 정서적 안정성(emotional stability), 문화(culture)의 5개 요인으로 구성하였다.

또한 Goldberg(1981)은 Big Five 구조의 일반화에 대한 우려를 완화시키기 위해 많은 증거들을 제시해 왔다. 그는 Norman(1963)이 선정한 1431개의 특성과 관련된 형용사들을 거의 포함하는 포괄적인 구성 내에서 5개 요인의 확고함을 설명하였다. 그러나 다섯째 요인에 '문화(Culture)' 대신 '지성(Intellect)'을 사용하였고, 현대적 5요인 모형은 Goldberg(1981)의 방식을 사용하고 있다고 할 수 있다.(민병모, 2001)

1985년에 나온 NEO 성격 질문지(NEO-PI)는 호의성(agreeableness)과 양심성(conscientiousness)을 합하여 5개 요인을 측정하도록 만들어졌고, 1992년도에 나온 수정판 검사(NEO-PI-R)에는 호의성과 양심성의 단면척도가 들어갔다. 다른 학자들이 '문화(culture)'나 '지성 (intellect)'으로 정의한 요인들을 '체험 개방성(openness in experience)'으로 바꾸기 위해서 그것을 반영하는 문항들을 의도적으로 집어넣었다는 것은 Costa & McCrae의 5요인이 의도적으로 만들어졌다는 것을 보여주는 것이다.(홍숙기, 2004)

우리나라에서도 Costa & McCrae(1992)의 연구를 토대로 1146명의 대상에 대해 요인분석을 한 결과 개방성의 하위요인에서 부하를 나타낸 것을 제외하고는 Costa & McCrae(1992)와 일치한 결과로 나타났고, 이는 중국과 일본 등의 동양권 국가에서도 동일하게 나타났다.(유태용·민병모, 2001)

이렇게 5요인 모형은 '외향성(extraversion)', '호감성(agreeableness)', '성실성(conscientiousness)', '정서적 안정성(emotional stability)', '체험 개방성(openness in experience)'의 요인들로 구성되었다. 그리고 성격 5요인 이론에 따라 구성된 일반적인 성격요인에는 이 요인을 구체적으로 나타내 주는 하위 척도가 있으며, 각각의 항목은 5~6개의 하위 척도로 구성되어 있으며 이는 각 영역의 전반적인 이해에서 나아가 구체적인 이해를 가능하게 한다. McCrae & Costa(1991)는 이 같은 5요인 영역 안에서의 구체적인 정의에 의한 개인차가 안정적이라고 하였다. 이는 5가지로 분류되는 성격 영역 내에서 하위 척도를 고려한다면 개인에 대해 좀 더 명확히 분석할 수 있음을 나타내는 것이라고 할 수 있다.(중앙정보고용원, 2001)

이러한 여러 학자들의 논의를 통해 현재까지 연구자들로부터 많은 동의를 얻고 있는 요인은 5요인 특성론이다. 위의 내용들을 토대로 학자들의 5요인에 관한 논의들을 정리해 보면 다음과 같은 결과를 얻을 수 있다.

〈표 2-1〉 5요인의 구성요소

요인 연구자	I	II	III	IV	V
Fiske(1949)	자신감 있는 자기표현 (Confident Self −Expression)	사회적 적응력 (Soocial Adaptability)	동조성 (Conformity)	정서적 통제 (Emotional Control)	이지적 지성 (Inquiring Intellect)
Tupes & Christal(1961)	즉흥적 행동성 (Surgency)	친화성 (Agreeableness)	신뢰성 (Dependability)	정서적 안정성 (Emotional Stability)	문화 (Culture)
Norman (1963)	즉흥적 행동성 (Surgency)	친화성 (Agreeableness)	성실성 (Conscientiousness)	정서적 안정성 (Emotional Stability)	문화 (Culture)
Borgatta (1964)	주장성 (Assertiveness)	호감성 (Likeability)	과업적 흥미 (Task Interest)	정서성 (Emotionality)	지능 (Intelligence)
Digman & Takemoto− Chock(1981)	외향성 (Extraversion)	우호적 순응성 (Friendly Compiance)	성취욕 (Will to Achieve)	자아강도 (Ego Strength) 불안(Anxiety)	지성 (Intellect)
Goldberg (1981, 1989)	즉흥적 행동성 (Surgency)	친화성 (Agreeableness)	성실성 (Conscientiousness)	정서적 안정성 (Emotional Stability)	지성 (Intellect)
McCrae & Costa(1985)	외향성 (Extraversion)	친화성 (Agreeableness)	성실성 (Conscientiousness)	신경증 (Neuroticism)	경험에 대한 개방성 (Openness to Experience)
Conley (1985)	사교적 외향성 (Social Extraversion)	친화성 (Agreeableness)	충동 통제 (Impulse control)	신경증 (Neuroticism)	지적흥미 (Intellectua l Interests)
De Raad et al. (1988)	외향성 (Extraversion)	친화성 대 냉담성 (Agreeableness vs. Cold−Heartedness)	성실성 (Conscientiousness)	정서적 안정성 (Emotional Stability)	문화 (Culture)
Botwin & Buss(1989)	외향성 (Extraversion)	친화적 안정적 (Agreeable − stable)	성실한 (conscientious)	지배적. 확신 있 는(Dominant − Assured)	지능주의 문화 (Intellectance −Culture)
Field & Millsap(1989)	외향성 (Extraversion)	친화성 (Agreeableness)		만족 (Satisfaction)	지성 (Intellect)
Peabody & Goldberg (1989)	권력 (Power)	사랑 (Love)	일 (Work)	정서 (Affect)	지성 (Intellect)

※ 출처: John, O. P.(1990). *The "Big Five" factor taxonomy: Dimensions of personality in the natural language and in questionnaires.* In L. A. Pervin (Ed), Handbook of personality theory and research(pp.66 −100), New York: Guiford Press. p.72에서 인용.

이러한 결과를 통해 확인할 수 있는 것은 여러 연구자(Borgatta, 1964; Buss, 1989; Conley, 1985; Digman & Takemoto Chock, 1981; Field & Millsap, 1991; Fiske, 1949; Goldberg, 1981, 1990; McCrae, 2002)들이 수많은 용어들을 사용해서 성격적 개인차를 나타내기보다는 5개의 특성 요인으로 조직화하여 나타내는 공통적인 틀로서 5요인 이론을 수용하고 지지하고자 한다는 것이다.

Fiske(1949)의 연구로부터 시작된 5요인 연구는 현재까지 수많은 이론가들에 의하여 확인되고 검증되었으나 5요인에 대한 세부적 규명에서는 차이가 있는 것으로 나타나고 있다. 현재까지의 연구들을 통해서 볼 때 외향성과 신경증 그리고 친화성에 대해서는 순서대로 연구자들 간에 일치도가 높지만 성실성, 개방성에 대해서는 이론적 일치도가 낮고 특히 개방성 요인에 대해서는 지적 능력과 연관이 있다는 보고도 있다.(John, 1990)

2) 5요인 모형의 구성요소

5요인 모형의 구성요소에 대한 명칭은 학자마다 약간의 차이는 있지만 근본적인 내용은 동일하다.

(1) 외향성

외향성(extraversion)은 사교성과 지배성에서 대인관계와 관련된 기질로 활동 수준이 높으며 명랑한 특성을 가지는 ① 온정성, ② 사교성, ③ 리더십, ④ 적극성, ⑤ 긍정성을 하위 요소로 갖는다.(중앙정보고용원, 2001; 민병모, 2001) 외향성이 높은 사람은 자기주장이 뚜렷하고, 활동적·적극적이며, 흥미를 추구하고, 다소 수다스럽지만 낙천적인 성격 특질을 가진 긍정적인 감정상태를 가지고 있다. 과거에 외향성과 내향성은 에너지가 밖을 향하느냐 안을 향하느냐 하는 방향성으로 정의되다가, 에너지 수준의 차이가 부각되는 쪽으로 개념이 변화하였다. 즉 충동적인 측면이 점차 밀려난 것이라고 할 수 있는 것이다. 따라서 많은 연구자들이 긍정적 정서의 경험이 외향성 자체의 구성요소이며 나아가 핵심이라고 믿는다.(홍숙기, 2004)

(2) 호감성

호감성(agreeableness)은 ① 타인에 대한 믿음, ② 도덕성, ③ 타인에 대한 배려, ④ 수용성, ⑤ 겸손, ⑥ 휴머니즘 등의 대인관계와 관련 있는 성향을 포함한다. 호감성이 높은 사람은 따뜻하고 협동적이며, 이해심이 많고 예절도 바르고 자연스럽다. 그러나 이와 반대의 특질을 가지고 있는 사람들은 적대적·호전적이며, 거칠고 잔인하여 대체로 악의적인 사람이라고 할 수 있다. 호감성은 사회적으로나 심리적으로 건강한 생활을 하게 하고, 호감성이 높은 개인은 적대적인 개인보다 인기가 많은 것도 사실이지만 자신의 이익을 위해 싸우려는 자세가 부족하거나 과학적 분석을 정확히 해내기 위한 회의나 비판적인 사고가 부족할 수도 있다.(중앙정보고용원, 2001; 민병모, 2001)

(3) 성실성

성실성(conscientiousness)은 어떤 사람이 얼마나 근면·성실하고 책임감 있고 조직적인가 하는 것이다. 성실성이 높은 사람은 과제들에 체계적으로 접근하며 문제들을 논리적으로 분석한다. 이들은 모임에 늦는 일도 드물고 학교에 결석도 하지 않는다. 이들은 또한 원칙과 목표들에 따라 삶을 면밀하게 계획하는 것이 때로는 지나칠 정도로

조심스러워 보일 수 있지만, 힘든 결정을 내리며, 만약 결정한 일이
힘들어도 그 결정을 밀고 나간다. 이와 반대로 성실성이 낮은 사람
은 주의가 산만하고 부주의하며 믿음이 가지 않는다. 이들은 또한
행동에 일관성이 없으며 생활에 계획과 목표가 없다. 게으르고 나태
하며 흐리멍덩하고, 일이나 도덕의 기준을 지키지 않는다. 성실성에
는 ① 유능감, ② 조직화능력, ③ 책임감, ④ 목표지향성, ⑤ 자기
통제력, ⑥ 완벽성이 포함되며, 일과 가장 관련이 있는 특질 요인들
로 이루어져 있다.(민병모, 2001)

(4) 정서적 불안정성[4]

정서적 불안정성(neuroticism)은 자신이 주어진 환경을 통제할 수
있는가의 여부와 세상을 위협적으로 보지 않는 정도를 나타낸다. 이
척도의 특징은 성격 5요인 척도 중 적응이나 정서적 불안정성과 가
장 깊은 관련을 보여 준다. 정서적 불안정성이 높은 사람은 사고가
비합리적이고 충동을 조절하지 못해 스트레스에 매우 취약하다. 정
서적 불안정성에는 ① 불안, ② 분노, ③ 우울, ④ 자의식, ⑤ 충동
성, ⑥ 스트레스 취약성 등을 포함하고 있다(중앙정보고용원, 2001;
김도영·유태용, 2002)

(5) 개방성

개방성(openness)에 대해 Norman(1963)은 생각 깊음, 상상력, 예술

---

4) 이러한 정서적 불안전성은 '신경증(Neuroticism)'이라고도 불리며, 정서적
   불안정, 환경에 대한 민감성, 불안감, 피로감, 긴장의 정도를 나타낸다.
   결국은 정서적 불안전성은 정서적 민감성(Emotional sensitivity)으로도 부
   르고, 동일 차원의 반대 쪽 특성을 나타내기 위하여 정서적 안정성
   (Emotional Stability)으로도 부른다. 따라서 본 연구에서는 정서적 안정성
   의 개념으로 사용하기로 한다.

적 감수성 등과 관계있는 요인을 '문화'라고 불렀지만 McCrae and Costa(1992)는 '체험의 개방성'이라 부르고 ① 상상력, ② 문화, ③ 정서, ④ 경험추구, ⑤ 지적 호기심이 이 요인을 구성한다고 하였다.(중앙고용정보원, 2001; 홍숙기, 2004)

이 요인은 외향성이나 정서적 불안정성과 같은 다른 요인들보다는 잘 알려지지 않은 성격요인이다. 또한 연구자들 사이에서 가장 불일치하는 개념이기도 하다. 교양의 개념으로써 흔히 간주되기도 하지만 이 요인이 '이지성(intellect)'을 대표한다는 주장도 있다. 개방적인 사람들은 자신의 내부나 외부 세계에 모두 관심을 기울이고 풍부한 경험을 즐긴다. 그러므로 고상한 아이디어에서부터 관습적이지 않은 일까지 경험하기를 원하고, 감정 경험에서도 긍정적인 경험뿐만 아니라 부정적인 경험도 마다하지 않는다.(유태용 · 민병모, 2001; 중앙고용정보원, 2001)

4. 5요인과 직무성과

1990년대 이전에는 많은 연구자들이 5요인을 주로 선발의 사용도구로써 인식하였으나 그 후 5가지 성격요인을 통해 직무성과와 직무만족과의 관계를 메타분석(meta – analysis)을 실행하여 검증하는 연구에서 그 타당성을 확인함으로써 성격을 통해 직무성과 또는 직무만족을 예측할 수 있는 도구로써 인정하게 되었다.(Barrick & Mount, 1991; Salgado, 2000; Hurtz & Donovan, 2000) 개인의 내적 특성과 직무성과 간의 관계는 개인의 가치나 흥미보다는 개인의 성격 변인들에 대한 연구가 주류를 이루어졌으나, 여기에 사용된 개인의 성격 변인들과 독자적인 개인 성과와의 관계는 주로 5요인 검사로 확인되었다.

Barrick & Mount(1991)는 메타분석(meta-analysis)을 이용하여, 117 명의 실험을 통해 5가지 직업군 모두에 직무성과 기준인 성실성 (conscientiousness)이 일괄적으로 정(+)의 유의한 의미를 갖는다는 것을 확인하였다. 외향성은 직무성과(0.10), 훈련성취도(0.26), 인사고 과자료(0.11)로 유의함을 나타내었고, 수용성은 관리직(0.1), 경찰직에 서 유의하였다. 불안정성은 Barrick & Mount(1991)의 연구에서는 전 문가 집단에서 정(+)의 관계로 유의하였다.

Salgado(1997)는 유럽에서 5가지 성격요인과 성(sex)과 사이의 관 계를 분석한 결과, 성실성(conscientiousness)과 불안정성(Neuroticism) 에서 관계의 타당성이 유의하였고, 이 중 불안정성(Neuroticism)은 성실성(conscientiousness)에 비해 상대적으로 많은 직업군에서 높은 정의 관계를 나타내었다.

Hurtz & Donovan(2000)은 선행연구들과 유사한 결과를 나타내었 으나 성격의 5요인이 직무성과보다는 직무만족 등과 더욱 밀접한 관 계를 가지고 있다는 것을 제시하였다.

우리나라에서 성격(5요인)과 직무성과 사이의 관계에 대한 연구결 과를 살펴보면, 유태용·김명연·이도형(1997)은 외향성이 신입사원 연수의 수행점수 중 가장 많은 수행 준거들과 유의함을 확인하였다. 또한 유태용·이도형(1997)의 연구는 상사가 평가한 직무성과 간의 관계에서, 경영지원직과 보험증권 관련된 직무 그리고 해외 영업직에 서 성실성과 정(+)의 관계로 유의하게 분석되었고, 국내 영업직과 연 구개발직은 외향성에서 정(+)의 관계로 유의함을 확인할 수 있었다. 그리고 국내 영업직과 해외 영업직에서는 공통적으로 경험의 개방성 에서 부(-)의 유의성이 나타났고, 보험 증권과 관련된 직무에서는 정 (+)의 유의성이 나타났다. 이 밖에 소프트웨어 관련 직무에서는 호감

성에서 정(+)의 유의함을 확인할 수 있었다.(유태용·민병모, 2001)

민병모(1998)는 중간관리자와 증권회사 지점장들을 대상으로 5요인과 성과에 대해 연구하였는데, 중간관리자의 경우 성과가 높을수록 외향성과 성실성에서 유의한 관계를 나타내었다. 또한 외향성의 하부 요인 중 주장과 활력이, 성실성의 하부 요인 중에는 자율이 유의한 것으로 나타났다. 증권회사 지점장의 경우, 성과가 높을수록 외향성과 정서적 안정성, 성실성에서 높게 유의함을 확인할 수 있었고, 호감성도 유의함이 나타났다.

유태용·박태구(1999)는 750여 명의 신임 경찰 교육생들을 대상으로 측정한 결과, 7가지 수행 점수들에 대해서 외향성이 가장 많은 관련이 있는 것으로 확인되었다.

남재봉(1999)의 연구에서도 제조업 중간관리자를 대상으로 외향성이 성과와 정(+)의 유의한 관계를 나타내었다.

유태용과 민병모(2001)는 4년간에 걸쳐 산업과 학업의 성과를 예측하기 위해서 성격의 타당성을 조사하는 연구를 한국에서 시행하였다. Costa & McCrae(1992)가 개발한 NEO-PI-R을 토대로 개발한 성격검사를 가지고 메타분석(meta-analysis)을 이용, 우리나라에서 5요인과 관련하여 이루어진 10개의 개별 연구들을 분석하여 다른 나라와 결과의 차이가 있는지를 확인하고자 하였다. 그에 따른 결과는 외국의 연구결과와 대체로 비슷한 것으로 나타났으나 그중 특이한 점은 외국(미국과 캐나다, 유럽)에서 이루어진 연구에서는 5요인 중 성실성이 성과를 예측하는 타당성이 가장 높게 나타났던 것과 다르게 우리나라의 연구결과에서는 성실성보다 외향성이 성과를 예측하는 데 높은 타당성을 나타내었다는 점이다.

제 2 절 임파워먼트 이론과 영향요인

1. 임파워먼트의 개념 및 접근

1) 임파워먼트의 개념

임파워먼트(empowement)는 그 대상과 적용범위가 다양하기 때문에 개념 역시 다양하게 나타나고 있다. 즉 임파워먼트는 내용, 목적 그리고 과정 중 어느 부분에 초점을 두고 설명하느냐에 따라 여러 가지로 해석될 수 있다.

Vogot & Murrell(1995)에 따르면 임파워먼트에 관한 연구는 다양한 사회운동과 사회과학의 연구에서 시작되었다. 1940년대에 시민 권리운동, 흑인 인권운동, 노조활동, 여성해방운동, 제3세계의 개발 등 사람들의 의식변화가 일어났거나, 이러한 움직임 속에서 사회학자들은 이들 그룹이 어떻게 사회 구조적 차별과 소속 단체의 무력감을 극복하고, 민주적 권리를 얻는 등의 영향력을 행사할 수 있게 되었는가 하는 점에 관심을 갖게 되었는데, 이 과정에서 임파워먼트(Empowerment)라는 용어가 탄생하게 되었다.

경영학적 임파워먼트에 대한 관심은 1950년대 행동과학에서부터 나타나기 시작하였다. 당시 Murray, Maslow, McClelland 등은 인간은 경제적 이익의 추구 외에 다양한 욕구를 가지고 있으며, 이러한 욕구를 충족시키기 위해서는 환경조건에 따른 종합적인 연구가 필요하다고 주장하였다. 이후 1970년대 초반까지 인간의 잠재능력과 개인의 성장을 중요하게 여기는 분위기에 따라 경영학에서의 임파워먼트 연구는 개인의 가치, 잠재력을 중심으로 이루어졌고, 1970년대 후반부터는 급변하는 환경에 대비하여 상황론적 접근에서 조직구성원의 활성화 방안에 대해 연구가 이루어졌다.

이러한 결과에 따라 임파워먼트는 학자에 의해 다양하게 논의되고 있으며 그에 따른 개념은 다음과 같이 설명되어진다.

Staples(1990)는 힘(power)이 타인에 의해 부여되는 것(to give)이라기보다 스스로가 스스로에게 얻어내는 것(to gain)으로 해석하면서, 임파워(empower)는 누군가가 힘을 일방적으로 주는 것이 아니라 자기 스스로 얻고(to gain), 힘을 발전시키고(to develop), 스스로 할 수 있게 하는 것(to enable)으로 자기 자신의 주체적 행동을 통해 성취되는 능동적인 의미로 보았다.(강철희, 2001 재인용)

Bowen & Lawler(1992)는 서비스 부문에서의 임파워먼트를 적용하면서 임파워시킬 수 있는 4가지 조직요소를 조직행동에 관한 정보, 조직행동에 기초한 보상, 종업원이 조직행동을 이행하고 수행할 수 있도록 하는 지식, 조직의 방향과 행동에 영향을 미치는 의사결정권을 조직구성원에게 나누어 주는 것으로 임파워먼트를 정의하였다.

Foy(1994)는 임파워먼트를 조직구성원들이 권력을 획득함으로써 결정권이나 계획에 영향을 줄 수 있는 발언권을 가지는 동시에 조직이나 개개인의 성과를 향상시키기 위해 전문성을 발휘하는 것을 의미한다고 하였다.

이와 같이 임파워먼트의 개념은 해석하는 관점에 따라 그 의미가 달라진다. 그러나 임파워먼트의 궁극적인 목표는 지속적인 개선을 통한 조직 전체의 성과 증진이며 이를 위해서 자율과 창조가 있어야 하고 조직구성원 속에 내재하는 역량을 최대한 활용하는 것이다. 그리고 임파워먼트가 이처럼 다양하게 해석되는 것은 임파워먼트가 다양한 수준에 걸쳐 이루어지기 때문인데, 임파워먼트는 개인, 집단, 조직 수준에 걸쳐 이루어진다.(박원우, 2002)

먼저 조직 내에 임파워먼트가 있기 위해서는 구성원 개개인의 파워 증진이 있어야 하며, 생각하고 신뢰하는 자긍심이 커져야 하는데, 이것이 바로 자기 임파워먼트(self-empowerment)라고 하였다. 또한 자기 스스로 임파워된 사람이 자신의 역할을 원활히 수행할 수 있는 역할수행능력을 갖추려면 개인 임파워먼트(individual empowerment)가 반드시 이루어져야 하는데, 이러한 개인수준에서의 임파워먼트(자기·개인 임파워먼트)는 전체 임파워먼트 과정의 출발점이자 추진력이라고 하였다.

다음 수준에서는 자기 임파워먼트를 추구하여 남의 역량까지도 키우는 것인데, 이것이 집단 임파워먼트(group empowerment)라고 하였다. 여기서는 파워의 이동이 상급자에서 하급자로만 이루어지는 것이 아니라 수평과 수직의 어느 쪽에서도 먼저 시작될 수 있다.

또한 이러한 자기 임파워먼트와 집단 임파워먼트는 조직의 제도나 구조에 의해서도 적극적으로 뒷받침되어야 조직 전체가 능동적 경영을 할 수 있다고 강조한다. 따라서 집단 임파워먼트가 조직 전반에 확산되면서 조직 내 제도나 문화의 변화를 통한 임파워먼트 의향이나 행동을 정착해야 하며, 이를 조직 임파워먼트(organization empowerment)라고 하였다.

이러한 과정을 통해 조직 자체에서 변화가 일어나며 조직이 지속적으로 성장하게 되고 조직구성원들 간의 상호작용으로 인해 새로운 아이디어 창조와 문제해결에 필요한 능력을 키우게 된다는 것이다.

결국 Empower는 em의 접두어에 power를 혼합한 단어로서 이를 해석하면 '파워를 부여한다'로 해석된다. 학계에서는 'enable'을 '할 수 있는', '파워와 수단 혹은 능력을 주는', '경쟁력 있는', '가능성을 주는 것'으로 해석하며, 임파워먼트 내용의 핵심사항으로 여기고 있다.

따라서 이러한 임파워먼트는 정치·환경·사회·교육 분야 등 다양한 분야에서 다양한 의미로 사용되고 있으나, 그 내면의 공통점은 대체로 파워가 없어서 (혹은 부족해서) 고생하는 사람들을 찾아내 그들에게 도움을 주거나 혹은 파워 증진을 위해 집단이나 조직을 움직이는 것을 의미한다.(박원우, 1996)

2) 임파워먼트에 대한 이론적 접근

초기의 임파워먼트 연구자들은 자율성, 자기 효능감이나 자기 결정 등과 동일한 의미로 임파워먼트를 단순하게 개념화하였으나, 최근의 연구들은 임파워먼트를 조직구성원들이 경험하거나 인지하는 심리적 임파워먼트로 규명하고 있다.

임파워먼트에 대한 체계적인 이론적 접근은 Conger & Kanungo (1988)의 연구에서부터 시작되었다. 이들은 임파워먼트를 관계구조적 측면과 동기적 측면으로 분류하여 관계구조적 측면에서 권한, 법적 파워를 배분하는 과정과 동기부여적 차원에서 '할 수 있다는 믿음이나 판단', 즉 자기효능감(self-efficacy)을 부여하는 과정으로 보았다. 그리고 임파워먼트시키는 과정을 무력감(powerless)에 빠진 구성원들에게 조직 내 무력감을 야기시키는 심리적 변수들을 제거하고 역할수행능력을 줌으로써 조직 내 퍼져 있는 무력감을 해소하는 것이라고 보았다.[5]

---

5) 여기에서 관계적 측면이라는 것은 권력이 많은 상위자가 권력이 적은 하위자에게 나누어 주는 것에 초점을 두는, 즉 권한 이양이나 분권화 등을 임파워먼트의 핵심개념으로 보는 것을 의미하며 동기적(심리적) 측면은 외적인 권한 이양이 아닌 조직구성원의 심리적인 경험에 관심을 두고 있다. 즉 권력에 대한 조직구성원의 인지적 측면, 즉 조직구성원이 얼마나

그러나 관계적 측면에서의 임파워먼트는 임파워먼트가 실제 갖고 있는 개념을 적절히 나타내지 못하고 있다는 비판을 받았다. 이 관점의 연구에서는 의사결정의 분권화와 위임을 중요하게 다루고 있지만 조직구성원들을 자동적으로 임파워시킬 수 있는 심리적 측면을 설명하지 못하고 있기 때문이다.(Conger & Kanungo, 1988)

이에 비해 동기적 측면은 Conger & Kanungo(1988)에 의해 임파워먼트의 심리적 중요성이 강조되었고 많은 학자들에 의해 개념화와 이론적 모형 및 실증적 연구가 이루어졌다. 특히 Thomas & Velthouse(1990)는 Conger & Kanungo(1988)의 이론을 확장하여 심리적 임파워먼트에 대한 체계적 모형을 제시하였다. 그들은 임파워먼트를 과업성취에서 자신의 노력이 결과에 미치는 영향(impact), 주어진 직무를 능숙하게 처리할 수 있는 능력(competence), 자신의 목표를 기준으로 한 직무에 대한 의미감(meaningfulness), 스스로 직무를 선택할 수 있는 선택력(choice)을 임파워먼트의 개념요소로 제시하면서 임파워먼트가 내적 과업 동기(intrinsic work motivation)임을 강조하였다.

또한 Spreitzer(1995)는 Thomas & Velthouse(1990)의 심리적 임파워먼트, 즉 개인 차원의 임파워먼트를 발전시켰는데, 그녀에 의하면 심리학적인 임파워먼트는 자신의 기준의 적합성 정도에 따른 직무의 의미감(meaning), 작업수행에서의 개인의 능력(competence), 자신의 행위에 대한 제어 및 결정(self-determination), 개인의 노력이 조직성과에 미치는 영향(impact) 등으로 구분해 보았다.

권력을 느끼는가를 임파워먼트의 핵심개념으로 보고 있다.(윤방섭, 1997)

2. 임파워먼트의 과정

임파워먼트의 과정에 대해서는 임파워먼트의 범위를 어떻게 설정하느냐, 어떠한 관점에서 임파워먼트를 보느냐에 따라 차이가 있다. 그러나 전반적인 임파워먼트의 과정을 이해함으로써 조직구성원의 임파워먼트를 향상시키기 위한 전략을 찾아볼 수 있는데 대표적인 임파워먼트의 과정을 살펴보면 다음과 같다.

1) Conger & Kanungo(1988)의 임파워먼트 과정

Conger & Kanungo(1988)는 심리적 차원에서 임파워먼트의 과정을 아래의 그림과 같이 설명하고 있다. 이들은 임파워먼트의 과정을 구성원의 임파워먼트에 방해되는 심리적 변수들을 파악하여 이를 해결해 나가는 과정으로 이해하였다.

즉 조직구성원들의 심리적 상태를 저해하는 요인은 크게 조직변수, 리더십변수, 보상체계, 직무설계 특성으로 보았고, 조직변수로는 모험적인 사업의 착수, 경쟁압력, 비인격적인 관료제도 환경, 원활하지 못한 의사소통 등을, 리더십 변수로는 전제주의 리더형, 부정·회의 리더형, 행동결과의 합리성이 결여된 리더형 등을, 보상체계로는 임의의 보너스가 없거나 보수에 비해 낮은 인센티브, 가치, 능력주의 보상의 결여, 혁신주의 보상의 결여 등을, 직무설계 특성으로는 역할의 불명료, 훈련과 기술자원의 부족, 일의 다양성 결여, 철저한 규칙과 명령, 상사와의 제한된 접촉을 들고 있었다.

이러한 방해요인들을 조직 내에서 파악하게 되면, 참여경영, 목표설정, 피드백체계, 모델링, 상황·성과에 근거한 보상, 직무충실화 등

의 관리전략을 이용하여 조직구성원들을 무력하게 만드는 심리적 요
인들을 제거해 나가게 된다. 즉 이들은 임파워먼트를 구성원 사이의
자아존중감을 고양시키는 과정이라고 정의하면서, 무력감을 조성하
는 상황에 대한 인식과 공식·비공식적 행위를 통해 이를 제거해 나
가는 과정이라 할 수 있다고 주장하였다.

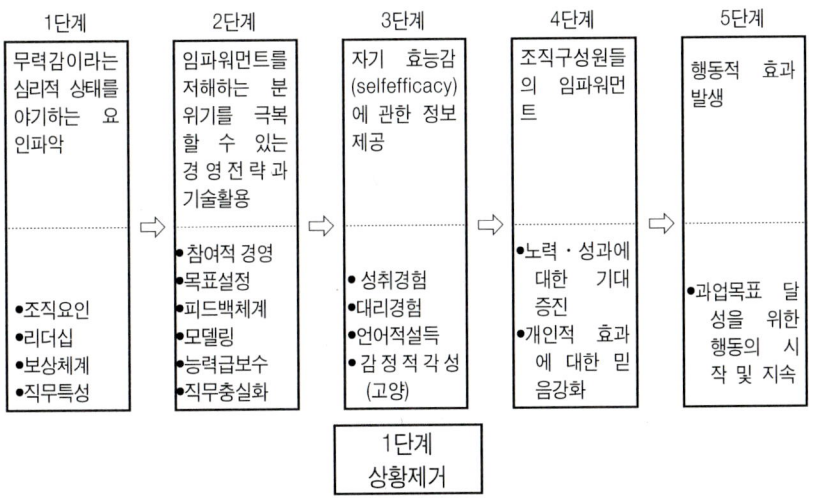

※ 출처: Conger, J & Kanungo, R. N. 1988. "The Empowerment Process: Integrating
Theory and Practice." Academy of Management Review, 13(3), p.475.

〈그림 2-1〉 Conger & Kanungo(1988)의 임파워먼트 과정 모형

2) Vogt & Murrell(1990)의 임파워먼트 과정

Conger & Kanungo(1988)가 임파워먼트 과정을 개인 차원에서 접
근했다면, Vogt & Murrell(1990)은 자아에서 출발하여 조직이라는 수
준까지 확대시켜서 임파워먼트의 과정을 설명하였다. 아래 <그림 2-

2>에서 보듯이, 이들은 임파워먼트 과정이 개인과 조직에 대한 신뢰
를 높이는 데 있어서 자유로운 의사소통에서 출발한다고 보고 있다.
　이러한 자유로운 의사소통 과정이 진행되면서 개인이 진정한 자아를
표현하고 피드백 정보를 받아들일 기회가 생성되며, 그 속에서 개인은
임파워된다고 보고 있다. 그리고 이렇게 임파워된 개인은 조직목표에 몰
입하게 되고, 기술, 전문지식, 자기관리능력을 통한 팀워크와 질의 향상
을 도모할 수 있게 되며, 결국에는 조직의 활성화[6])가 진행된다고 보았다.

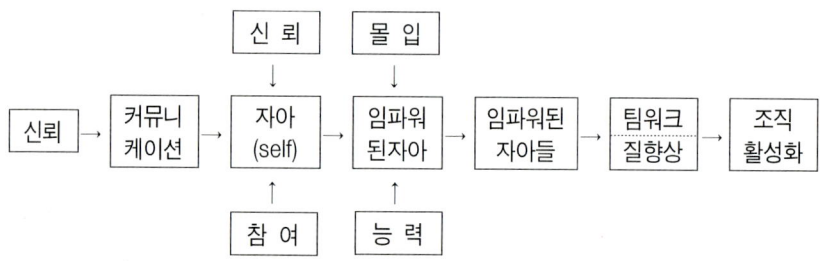

※ 출처: Vogt, J. F. & Murrell, K. L. 1990. Empowerment in Organizations:
How To Spark Exceptional Performance. Pfeiffer & Company, p.69. 재구성.

〈그림 2-2〉 Vogt & Murrell(1990)의 임파워먼트 과정 모형

3) Thomas & Velthouse(1990)의 임파워먼트 과정

Thomas & Velthouse(1990)는 Conger & Kanungo(1988)의 임파워
먼트 개념보다 좀 더 포괄적인 개념을 제시하기 위해 내재적 직무수
행 동기라는 개념을 임파워먼트의 인지적 요소로 도입하여 아래의

---

6) 여기서 조직활성화란 생산성, 수익성뿐만 아니라 개인과 조직의 향상(enhancement)
　을 유도하는 인간적, 윤리적 가치를 포함하는 것이다. 이 모형에서는 조직의 지속
　적인 성장과 발전을 위해서는 개인의 자아를 출발로 하여 개인, 집단, 조직의 세
　수준이 서로 끊임없이 상호 작용하는 과정이 내포되어야 함을 강조한다.

그림에서와 같이 설명하였다.

이 모형에 따르면, 임파워먼트는 인지적으로 이루어지는데, 조직구성원들이 직무에 대해 느끼는 인지구조는 조직의 매개요소, 환경적 요소, 해석스타일, 전반적 평가에 의해 영향을 받아서 직무에 대해 영향, 능력, 의미, 선택의 측면에서 인지적으로 평가하게 된다. 이렇게 평가함으로써 직무에 대한 인지정도가 파악되어 실천, 집중, 솔선, 탄력성, 유연성 등의 행동이 유도된다고 하였다. 여기서 환경적 요소는 개인의 행동에 따르는 결과, 미래행동과 관련된 상황과 사건들에 대한 정보를 의미하며, 매개요소는 환경적 요소뿐 아니라 개인의 해석 스타일에 변화를 가져오는 역할을 하는 것을 의미한다.

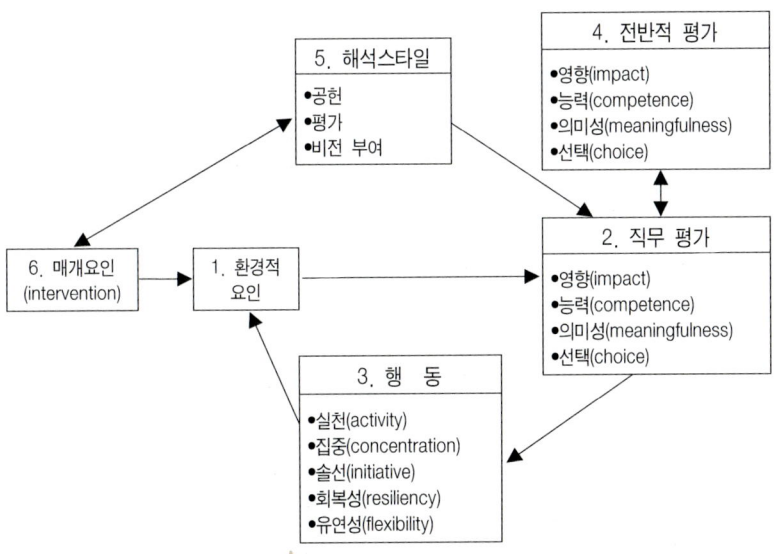

※ 출처: Thomas, K. W. & Velthouse, B. A. 1990. "Cognitive elements of empowerment: An interpretive model of intrinsic task motivation." Academy of Management Review, 15(4), p.670.

〈그림 2-3〉 Thomas & Velthouse(1990)의 임파워먼트 과정 모형

4) Spreitzer(1995)의 임파워먼트 과정

Spreitzer(1995)는 Thomas & Velthouse(1990)의 심리적 임파워먼트, 즉 개인차원의 임파워먼트 연구를 발전시켰는데 아래 그림에서와 같이 임파워먼트를 의미, 능력, 자기결정감, 영향 등을 그 구성요소로 보고 실증적인 분석을 하였다. 그 결과 임파워먼트의 하위 차원인 의미, 능력, 자기결정력, 영향은 모두 임파워먼트를 설명하는 타당한 개념으로 나타났고, 자아존중감, 정보, 보상, 통제의 위치 등은 임파워먼트에 영향을 미치는 선행 요인으로 나타났으며, 임파워먼트는 또한 관리효과성이나 혁신과 같은 조직구조적 차원에 영향을 주는 것으로 보고 있다.

연구자는 임파워먼트가 단순히 권한의 위양이나 제도적인 차원에서만 파악되는 것이 아니고 심리적이고 인지적인 변수로서 연속적인 것이라고 주장하고 있다.

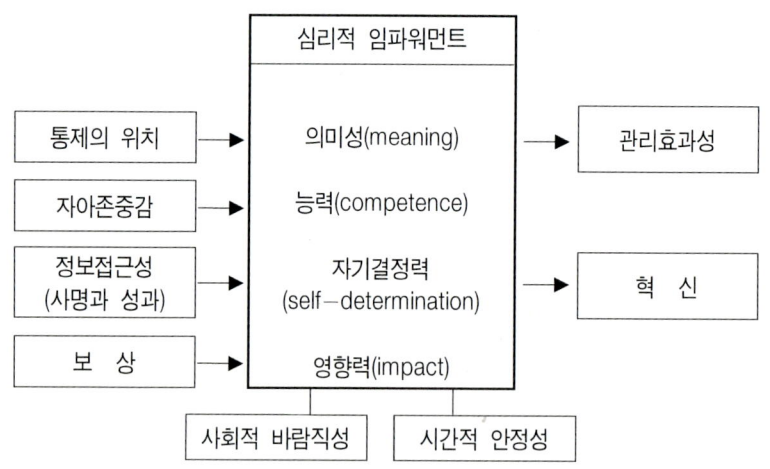

※ 출처: Spreitzer G. M. 1995. "Psychological Empowerment in the Workplace". Academy of Management Journal, Vol.38(5), pp.1442-1465. 재구성.

〈그림 2-4〉 Spreitzer(1995)의 임파워먼트 과정 모형

이상과 같이 임파워먼트의 과정에 대해 살펴보았는데, 임파워먼트 과정은 임파워먼트의 범위를 어떻게 설정하느냐, 어떠한 관점에서 보느냐에 따라 학자들마다 차이가 있다. 그러나 전반적인 임파워먼트의 과정을 이해함으로써 조직구성원의 임파워먼트를 향상시키기 위한 전략을 찾아낼 수 있을 것이며, 조직의 성과 차원에 있어서의 조직구성원 임파워먼트의 중요성을 찾아볼 수 있다.

또한 학자들마다 다양하게 파악하고 있는 임파워먼트 과정을 통해 알 수 있는 사실은 조직구성원에게 임파워먼트가 형성된다면 조직혁신 및 과업목표 달성에 긍정적인 결과를 가져올 수 있다는 점과, 이러한 임파워먼트를 높이기 위해서는 심리적인 무력감을 제거하고, 개인의 내재적인 자기효능감을 증진하도록 조직의 제도적, 구조적, 문화적 차원에서의 다양한 노력이 필요하다는 점이다.

이에 본 연구에서는 임파워먼트를 내재적 과업동기의 증대로 본 Thomas & Velthouse(1990)와 이를 측정하여 그 구성개념 타당성을 입증한 Spreitzer(1995)의 연구를 기본으로 한다. 즉 임파워먼트란 개인의 내재적인 과업동기(즉 의미성(meaningfulness), 능력(competence), 영향력(impact), 자기결정력(self-determination))를 증진시키고 이렇게 임파워먼트된 개인이 자유로운 의사소통을 통하여 조직구성원들과 상호 신뢰를 키워 조직의 활성화를 꾀할 수 있도록 증대시키는 심리적인 과정으로 이해할 수 있을 것이다.

3. 임파워먼트의 영향요인과 구성요소

1) 영향요인

앞서 살펴본 이론적 배경을 근간으로 조직구성원의 임파워먼트 형성에 영향을 주는 요인들을 살펴보면, 조직구성원이 개인의 업무를 수행하면서 개인특성 요인, 직무수행 요인, 조직구조 및 제도 등의 조직특성 요인 등 다양한 영역에 걸쳐 있음을 알 수 있다. 본 연구에서는 임파워먼트에 영향을 주는 요인들을 조직특성 요인, 업무특성 요인, 개인특성 요인으로 분류하여 임파워먼트와의 영향관계를 논의하고자 한다.

(1) 조직특성 요인

가. 보상체계

보상이란 노동의 대가로 지불되는 것을 말하며 임금, 진급, 복지 혜택 등 다양한 형태로 나타날 수 있다. 정해주(1998)는 보상이 임파워먼트에 영향을 미치는 중요한 요소로 지적하며, 긍정적 강화로서의 칭찬과 금전적 인센티브가 임파워먼트에 긍정적 영향을 미친다고 하였다. Conger(1998)는 보상체계가 잘 마련되지 않은 것을 임의의 보너스가 없거나, 보수에 비해 낮은 인센티브를 주는 것, 능력주의 보상의 결여, 리더로부터의 칭찬이나 긍정적 강화와 개인적 인정의 결여 등으로 지적하면서, 보상체계는 임파워먼트의 원천이 되는 중요한 변수임을 주장하였다.

Bowen과 Lawler(1992)는 작업현장에서의 임파워먼트 형성에 종업

원들의 성과에 기초한 보상이 중요한 영향을 미친다고 하면서 조직
원을 임파워먼트시키기 위해서는 보상시스템 자체가 개인의 공헌도
를 인정해 주는 시스템이 되어야 한다고 하였다. 또한 Spreitzer(1995)
는 임파워먼트에 영향을 미치는 4가지 변수를 제시한 그의 연구에서
보상체계는 임파워먼트와 정적인 관계가 있음을 입증하기도 하였다.
반대로 Szilagyi & Sims(1976)는 조직구성원에게 능력만큼의 보상이
제공되지 않을 경우 무력감 상태가 증가된다는 연구결과를 발표한
바 있다. 결과적으로 적절한 보상체계는 임파워먼트 수준에 영향을
주는 요인이라 할 수 있다.

나. 리더십

리더십에 대한 최근 이론 중 비전을 제시하는 리더십이 변혁적
리더십인 것으로 간주되고 있으며, 이 변혁적 리더십이 오늘날 임파
워먼트에 가장 적합한 리더십일 뿐 아니라 점점 더 불확실성이 높아
지는 환경하에서 효과성이 입증되는 리더십의 형태로 제시되고 있
다. 실제로 변형적 리더십이 가져오는 핵심적인 효과가 임파워먼트
라고 함으로써 주로 변혁적 리더십의 효과성을 임파워먼트의 내용에
맞추고 있다.(Yukl, 1989) 따라서 변혁적 리더십은 임파워먼트에 가
장 적합한 리더십 형태로 간주되고 있다.

변혁적 리더십과 임파워먼트를 결부시킨 여러 연구들(Burke, 1986;
Block, 1987)에서도 변혁적 리더십이 임파워먼트의 중요한 요소임을
입증하고 있다. 또한 Bennis와 Nanus(1985)는 리더십의 가장 중요한
효과가 임파워먼트라고 하였고, Yukl(1993)은 리더십의 스타일 중
임파워먼트와 가장 밀접한 관련을 맺고 있고, 임파워먼트에 영향을
많이 미치는 것으로서 변혁적 리더십을 주장하였다. Spreizer(1995)가
5가지로 분류한 임파워먼트의 하위 영역 중 개인 임파워먼트와 유의

미한 상관관계가 있음을 연구결과로 보고한 바 있다. 지역사회복지
관의 사회복지사의 임파워먼트를 연구한 윤민화(1999)의 연구에서는
사회복지사가 근무하고 있는 사회복지관의 관장의 리더십이 변혁적
리더십이 강하여 사회복지사에게 새로운 사고를 갖도록 하며, 사회
복지사의 욕구를 고려할수록 사회복지사의 임파워먼트 수준이 높아
진다고 보고하였다. 103명의 비서를 대상으로 임파워먼트에 영향을
미치는 요인을 분석한 임주영(1999)의 연구에서 변혁적 리더십은 비
서의 개인 임파워먼트에 가장 많은 영향을 미치는 요인이라는 결과
가 나타났다. 따라서 이러한 연구들의 결과를 통해 변혁적 리더십은
임파워먼트에 긍정적인 영향을 미치는 요인으로 추정할 수 있다.

  다. 직원개발기회

  직원개발은 사회복지 조직에서 활동하는 직원들의 소양과 능력을
개발하고 직무수행에 필요한 지식과 기술을 향상시키며, 가치관과
태도를 바람직한 방향으로 변화시키기 위한 교육 및 훈련활동이라고
할 수 있다.(최성재·남기민, 1993; 강철희·윤민화, 2000에서 재인용)

  Gutierrez, DeLois, & GlenMaye(1995)은 사회복지 실천에서 클라
이언트의 임파워먼트 실천에서 가장 중요한 요소로 사회복지사의 실
천 태도와 전략을 강조하면서 지식과 기술 개발을 통해 사회복지사
의 임파워먼트가 증가한다고 보고한 바 있다. Conger(1989)는 훈련
과 기술자원의 부족은 조직원의 임파워먼트에 부정적인 영향을 미친
다고 주장하였다.

  김인숙·우국희(2002)의 임파워먼트에 관한 질적 연구에서도 세미
나 등의 끊임없는 자기개발을 통해 전문가로서의 자질을 갖는 것에
대해서 강조하였다.

(2) 직무특성 요인

Hackman과 Oldham(1980)은 다른 연구자들이 제시한 직무의 특성들을 바탕으로 다섯 개의 직무특성을 제시하였는데, 그것은 과업다양성, 과업정체성, 과업중요성, 자율성, 환류이다. 과업다양성은 직무가 다양한 기능이나 능력을 발휘할 수 있는 기회를 얼마나 주는가를 의미하며, 과업정체성은 개인이 행하는 직무가 얼마나 완전한 하나의 전체로서의 일인가 하는 것이다. 과업중요성은 개인의 직무가 다른 사람의 생활에 미치는 영향의 정도가 얼마나 큰가를 의미하며, 자율성은 직무 담당자들이 업무 일정과 방법을 채택하는 데 어느 정도의 재량권을 가졌는가를 의미한다. 마지막으로 환류는 담당자가 자신이 행한 일이 얼마나 유효하게 수행되었는가에 대한 정보를 습득하는 것이다. 5가지 핵심요소로 직무특성을 정립한 것이 JCM 모형(the Job Characteristic Model)이다. Hackman & Oldham은 이러한 직무특성에 의한 심리적 변화가 내적 작업 모티베이션을 상승시킨다고 하였고, Block(1987)은 업무다양성, 업무의 개인적절성, 적절한 자유성과 통제, 반복되는 일과 규칙의 최소화, 높은 승진전망이 있는 직무는 더 쉽게 조직원을 임파워먼트시킨다고 하였다. Conger & Kanungo(1988)는 일의 다양성 결여가 임파워먼트에 부정적 영향을 미친다고 하였고, Wellins 등(1992)은 임파워먼트가 직무설계에 의해 촉진될 수 있다고 하였다.

실증연구에서는 국내 기업에 종사하는 회사원을 대상으로 직무특성과 임파워먼트에 대한 실증적 연구를 한 박선아(1995)의 연구결과에 따르면 과업정체성(p<.01), 과업중요성(p<.01), 피드백(p<.01)과 임파워먼트가 양의 상관관계가 존재하고 있는 것으로 나타났고, 과업다양성은 임파워먼트와 상관관계가 없다는 결과가 나왔다. 하지만 국내 제조업체 사무직 종사원을 대상으로 연구한 정해주(1998)에 따

르면 과업다양성(p<.01)과 임파워먼트와 양적(+) 상관관계의 결과가 있었다고 보고하고 있다.

윤민화(1999)의 연구에서 과업의 중요성이 임파워먼트와 정적인 상관관계를 과업의 다양성이 통계적으로 유의미한 예측요인임을 보고하였다. 또한 과업 다양성과 과업 중요성이 의료사회복지사 임파워먼트와 정적인 상관관계를 나타냈고, 의료사회복지사가 자신의 업무에 대하여 중요하고, 단순한 일이 아닌 다양한 일이 필요하다고 인식할수록 임파워먼트, 특히 개인적 업무지향 수준은 높아질 것이라고 추론하였다. 이러한 관점에서 직무특성은 임파워먼트에 영향을 미치는 요소라 할 수 있을 것이다.

(3) 개인특성 요인

가. 자아존중감(self-esteem)

Brockner(1988)은 자아존중감이 낮은 사람에 비해 높은 사람이 자신의 능력에 대한 믿음이 높아진다고 함으로써 임파워먼트를 실행할 잠재력으로서 자긍심이 중요함을 지지하였고, 박원우(1996)는 자신을 긍정적으로 여기지 않으면, 타인에 대해서도 긍정적으로 여기지 않게 된다고 주장하면서, 타인에 대한 부정적 평가는 타인을 신뢰하지 못하게 하여 파워를 이전하려 하지 않게 된다고 하였다. 조직 내 임파워먼트의 기본이 되는 것은 상호 신뢰이기 때문에 본인에 대한 신뢰는, 즉 조직구성원의 자아존중감이 증대되어야 진정한 임파워먼트가 조직 내에서 촉진될 수 있다고 하였다. Bandura(1982)는 높은 자아존중감을 가지는 사람이 업무 면에서 자신에 대한 능력을 신뢰할 가능성이 높다고 하면서, 자아존중감은 임파워먼트 과정에서 가장 중심적인 역할을 한다고 하였다. 또한 김우택(1996)은 자아존중감의 본질적 속성에 따라 충분히 임파워먼트의 본질적 속성 중 하나인 자아효능감이 변화한다는 것을 실증하였다. 윤민화(1999)는 자아존중감이 임파워먼트 특히, 업무 환경 통제와 높은 상관관계를 갖는다고 보고하였고, Spreitzer(1995)의 연구에서는 자아존중감이 임파워먼트에 영향을 미친다는 것을 실증적 으로 입증한 바 있다. 이러한 연구들에 의해서 자아존중감이 임파워 먼트 수준에 영향을 미치는 요인으로 고려될 수 있다.

나. 통제소재(자율적 자기통제/대인통제)

통제소재(Locus of Control)란 한 개인이 삶에서 얻은 결과(outcomes) 에 자기의 행동이 얼마나 영향을 줄 수 있다고 믿는가를 측정하는 개념이다.(정해주, 1998)

통제소재는 그 위치가 어디 있다고 믿느냐에 따라 내적 통제와 외적 통제로 나눌 수 있는데, 통제소재가 자기 자신에게 있는 사람 은 자신이 자기의 운명을 지배하며, 일상생활에서 당면하는 상황을 통제할 수 있고, 자신의 행동이 삶의 결과와 직접적으로 연결되어 있다고 믿는 반면, 통제소재가 자신이 아닌 외부의 타인에게 있는 사람은 자신이 자기의 운명을 지배하지 못하며, 일상생활에서 당면 하는 상황을 통제할 수 없고, 자신의 행동은 삶의 결과에 대해 아무 런 힘이나 영향력을 행사하지 못하고, 기회나 운 등에 의해 삶의 결 과가 결정된다고 믿는다. 즉 만일 성공과 실패가 개인의 노력에 따 른 결과라고 보면 그 사람은 내적 통제 신념을 가진 사람이고, 성공 과 실패가 전적으로 운에 달려 있다고 보면 외적 통제 신념을 가진 사람이다.

Spector(1982)는 통제위치 개념이 모티베이션, 직무성과 직무만족, 리더십, 이직, 인센티브 및 직무특성과 밀접한 관련이 있다고 하였 고, Miller 등(1982)도 통제소재 개념이 전략, 환경, 조직구조 등과 밀접한 관련이 있다고 주장하였다.

Thomas & Velthouse(1990)의 연구에서는 통제소재가 심리적 임파워먼트와 높은 상관관계가 있으며, 자기통제 신념을 가진 사람의 임파워먼트 수준이 더 높은 경향을 나타냈다. Spreitzer(1995)의 연구에서도 통제소재가 임파워먼트에 영향을 미친다는 결과가 나타났다.

통제하는 대상은 자신에 대한 통제와 타인에 대한 통제로 나눌 수 있다. 자신에 대한 통제가 내적 통제일 경우 자율적 자기통제 수준이 높은 것이고, 타인에 대한 통제가 내적 통제일 경우 대인통제 수준이 높다고 할 수 있다.

윤민화(1999)의 연구에서는 자기통제는 임파워먼트와 유의미한 상관관계를 대인통제는 임파워먼트와 통계적으로 유의미하지는 않으나, 정적인 상관관계를 나타내는 것으로 보고하였다. 이상을 통해 통제소재는 임파워먼트와 관련이 있을 것이라 할 수 있다.

앞에서 살펴본 바와 같이 임파워먼트에 영향을 주는 요인은 매우 다양하다. 강철희·윤민화(2000)의 연구에서는 임파워먼트에 영향을 주는 요인을 개인특성 요인, 직무특성 요인, 조직특성 요인으로 구분하여 살펴보고 있다. 사회복지 조직구성원의 임파워먼트에 영향을 주는 개인특성 요인으로는 자아존중감, 개인의 지각된 통제소재, 성취욕구 등(Brockner, 1988; Spreitzer, 1995; Thomas & Velthouse, 1990)을 포함하고, 직무특성 요인으로는 기술다양성, 과업중요성, 과업정체성, 역할모호, 역할갈등, 역할과도 등(Block, 1987; Conger & Kanungo, 1988; 박선아, 1995)을, 조직특성 요인으로는 의사결정의 참여, 직원개발 보상, 리더십 등(Blcok, 1987; Clutterbuck, 1994; Spreitzer, 1995; Vogt & Murrell, 1990; 정해주, 1998)을 포괄하여 영향력을 분석하였다. 연구결과 역할모호성, 역할갈등, 기술다양성, 과업정체성 등의 직무특성 요인, 의사결정에의 참여, 보상체계의 공정성 및 변혁적 리더십 등의 조직특성 요인, 자아존중감, 자기통제 등의 개인특성 요인

순으로 임파워먼트에 영향력을 주는 것으로 나타났다.

임파워먼트에 영향을 미치는 요인을 다른 시각에서 접근한 연구들도 찾아볼 수 있는데, Kanter(1979)의 연구에 의하면, 직무와 관련된 많은 규칙의 존재, 단순반복업무, 낮은 과업다양성, 낮은 대인접촉빈도, 회의 등에의 참여 부족, 진보기회 부여 부족 등이 무력감을 창출시키는 요인으로 지적하여 임파워먼트 형성을 위해 반드시 제거되어야 한다고 주장하였다.

Conger & Kanungo(1988)는 직무 차원, 리더십 차원, 조직 차원으로 나누어서 무력감을 촉진시키는 요인을 제시하였다. 이들은 직무 차원으로는 직무성격, 리더십 차원으로는 리더십 스타일, 조직 차원으로는 조직요인과 보상제도를 보면서, 무력감을 창출하는 요인이 제거되지 않는 한 임파워먼트 과정은 활성화될 수 없으며, 이러한 무력감을 주는 요인을 제거해야만 직무를 성공적으로 수행할 수 있다는 자신감과 자기효능감이 증대될 것이라고 주장하였다.

2) 임파워먼트의 구성요소

임파워먼트가 다양하게 해석되는 것은 임파워먼트가 다양한 수준 (범위)에 걸쳐 이루어지고 또 이루어져야 하기 때문이다. 박원우(2000)는 임파워먼트의 수준별 구성요소를 다음과 같이 정의하고 있다.

임파워먼트에 대하여 학자들마다 다르게 구분하고 있지만, Vethouse & Thomas(1990)는 임파워먼트를 내적 동기가 부여된 조직구성원들이 조직목표를 달성하기 위해 전력을 다해 업무를 수행하며, 어려운 상황과 문제가 있을 경우에도 자신들의 모티베이션을 유지하면서 탄력적으로 대처하는 것으로 보고 이를 4가지 요소로 구분하였다. 이를 구체적으로 살펴보면, 의미성, 역량(능력), 자기결정력 그리고 영향력으로 구분할 수 있다.

첫째, 의미성(meaningfulness)은 과업의 목적 또는 요구되는 역할이 개개인의 신념, 가치관 및 태도의 적합성과 관련되어 있음을 뜻한다.(Brief, & Nord, 1990)

둘째, 역량(능력, competence)은 특정과업에 대한 자기효능감을 말하는 것으로 기술을 갖고 과업을 수행해 나갈 능력이 있다고 믿는 개개인의 신념이며(Gist, 1987), 자기능력감, 숙달감, 노력에 대한 확실한 성과기대 등의 개념을 포함한다고 하였다.

Kinlaw(1995)는 Conger와 Kanungo(1988)의 자기효능감(self-efficacy)의 개념과는 달리 역량(능력, competent influence) 개념을 제시하면서 임파워먼트를 '개개인의 역량을 개발, 확장시켜서 조직의 성과를 지속적으로 향상시켜 나가는 과정'으로 정의하였다. 여기에서 역량(능력, competence)은 각각의 구성원들이 과업성과를 향상시키기 위하여 내재적으로 보유하고 있는 잠재력을 말하는 잠재적인 측면의 개념이며, 영향력(influence)은 역량을 행동화할 수 있는 자신감을 말하는 행동 측면의 개념이다. Spreitzer(1995)는 여기에서의 자기 능력에 대한 신념은 전반적인 효능감이라기보다는 특정과업에 대한 효능감이므로 자기효능감보다는 역량이라고 해야 한다고 설명한다.

셋째, 자기결정력(self-determination)은 과업을 수행하기 위한 구체적인 행동을 언제 어떻게 계획하고 수행하는지 선택하는 데 있어서의 자율성을 반영하는 것으로 작업방법이나 공정, 그리고 투입노력 등을 스스로 결정하는 것을 의미한다.(Deci, Connel & Ryan, 1989) 자기결정력은 직무활동과 과정을 시행하고 유지하는 데 있어서의 자율성을 반영한다.(Bell & Staw, 1989)

넷째, 영향력(impact)은 개개인이 직무에 있어서 전략적이며 행정적

인 그리고 실무적인 결정들에 어느 정도 영향을 미치느냐 하는 것이
다.(Ashford, 1989) 영향력은 통제가능 영역과는 다른 개념이다. 영향
력은 직무상황에 영향을 받으나, 내부적 통제가능 영역은 상황의 변
화에 관계없는 전반적인 개성적 특징을 가지고 있다. 이러한 내재적
과업수행 동기가 부여된 구성원은 조직의 목표를 위해 몰입하며 어
떤 상황에서도 강한 신념을 가지고 탄력적으로 행동한다고 주장하였
는데, 이것이 바로 임파워된 사람의 행동유형이라고 하였다.(Thomas
& Velthouse, 1990)

따라서 앞서 논의하였듯이 Spreizer(1995)는 작업장에서의 심리적인
임파워먼트를 설명하며, 임파워먼트의 구성요인을 의미, 영향력, 역
량, 결단력으로 제시하였다. 의미성(meaning)이란 일 자체에 대해서
느끼는 가치로움을 뜻한다. 자신이 하고 있는 일에 대해서 아무런 의
미를 느끼지 못하는 사람은 권능감(임파워먼트)이 제로인 상태라고
볼 수 있다.

일 자체가 주는 내적 동기, 이것은 임파워먼트의 "엔진"에 해당하
며 개인이 심리적 힘을 느끼도록 하는 데 있어 가장 기본적인 조건
이라고 볼 수 있다. 두 번째 차원인 역량(능력, competence)은 자신
의 일을 효과적으로 수행하는 데 소요되는 능력에 대한 개인적 믿음
이라고 정의된다. 이러한 믿음이 없으면 임파워먼트의 수준은 높아
질 수가 없다.

Kinlaw(1995)는 기업이 주도권을 가지고 임파워먼트를 강화시키는
방법으로 세부 과정들을 반복해야 조직이 개선되고 성장을 가져온다
고 주장하고 있다. 첫째, 구성원에게 임파워먼트의 개념을 이해하게
하며, 둘째, 임파워먼트를 증가시키기 위해 조직 차원에서 모든 노력
을 강구하고, 셋째, 임파워먼트와 조직의 목표에 적절한 역할을 위해
구성원을 교육시키며, 넷째, 구성원이 자율성 및 주도권을 가지고 역

할을 수행하기 위해 위계 지향적인 경영방식을 탈피하고, 다섯째, 구
성원의 임파워먼트를 지원하기 위한 보상, 인력, 교육 그리고 승진시
스템을 재조정하는 것, 마지막으로 조직구성원의 임파워먼트에 대한
지각을 판단하는 것으로 이러한 일련의 과정이 조직 및 구성원의 임
파워먼트를 향상하기 위한 방법이라고 하였다.

결국 사회복지 분야에서 임파워먼트는 사회복지 본연의 가치에 일
관되게 부응하는 개념이자 강점 중심 모델의 핵심 개념으로 인정받
아 왔으며, 또한 사회복지 실천의 목표 중의 하나로서 클라이언트
자신의 삶에 대한 대처능력 또는 사회기능 수행능력을 개발하고 향
상해 가도록 하는 것을 의미해 왔다. 따라서 사회복지 조직구성원의
임파워먼트와 조직효과성과의 관계를 파악하는 것은 매우 의미 있는
일일 것이다.

이러한 논의를 통해 아래 <표 2-2>에서 선행연구자들의 임파워
먼트 영향요인을 학자별로 정리하였다.

〈표 2-2〉 임파워먼트 구성요소

연구자	의미성	자기 유능감	동기 부여	자기 결정	영향력	개인 통제	기타
Conger & Kanungo(1988)		○	○				가능성
Thomas & Velthouse(1990)	○	○			○		선택성
Meyer(1991)	○	○		○		○	
Arad(1994)		○		○	○		자율성
Sparrowe(1994)	○	○			○		선택성
Fulford & Enz(1995)	○	○		○		○	
Spreitzer(1995)	○	○		○	○		
Goodman(1999)	○	○		○	○		
Jae-Lyoon Jun(2000)		○		○	○		중요성

제 3 절 조직효과성

1. 조직효과성의 개념

조직효과성(organizational effectiveness)에 대한 개념과 예측방법은 여러 가지로 발전되어 왔으나 많은 학자들 간에는 공통된 견해를 갖지 못하고 있다.

조직효과성의 개념이 등장하게 된 것은 조직목표가 여러 환경요인과 조직 자체의 구성요소에 의해 변화가 일어나고, 조직목표 그 자체를 조직성과의 결과변수로 파악하기 어려워짐에 따라 보다 구체적인 개념에 의해 조직을 평가하려는 데서 비롯된 것이다.(양창삼, 1994)

흔히 조직을 평가할 때 '조직이 어느 정도 목적을 달성하는가'라는 것이 조직효과성의 개념이다. 그러나 조직효과성의 개념은 아직도 발전단계에 있으며, 수많은 조직효과성에 관한 논의에도 불구하고 개념, 결정요인, 평가척도에는 합의된 견해가 없어 '조직효과성의 정글'이라고 불리기도 한다.(Miles, 1980)

조직효과성에 대한 학자들의 개념 정의를 보면, Drucker(1973)는 능률은 일을 바르게 하는 것이며, 효과성은 성공의 기초이고 올바른 일을 하는 것이라고 하였다. 또한 조직효과성은 희소가치가 있는 자원을 획득하기 위해서 환경을 개척해 나가는 조직의 능력인 것이며,(Seashore & Yuchtman, 1967) 조직구성원들에게 공헌도 이상의 유인을 제공함으로써 욕구를 줄 수 있는 조직의 능력이며,(Georgiou, 1973) Robbins(1983)는 조직효과성이란 단기－장기 목표의 달성도로서 목표를 설정하는 데는 전략적인 환경요소가 반영되어야 하며 평가자의 이해관계와 그 조직의 라이프 사이클 단계의 특성이 반영되는 것이라고 정의하였으며, Etzioni(1964)는 조직은 사회적 단위로서 효과성과 효율성이 최대화되어야 한다면서, 조직의 실제적 효과성은 조직이 목표를 달성하는 정도에 따라 결정되며, 효율성을 한 단위의 산출을 생산하기 위해 사용된 자원의 양으로서 이 산출은 조직의 목표와 밀접하게 연관되어 있다고 정의하였다.

이렇게 다양한 개념 정의를 살펴볼 때 조직효과성에 대한 개념 정의가 매우 어렵고 복잡하다. 따라서 본 연구에서는 조직효과성의 개념을 일반적인 조직의 개념이 아닌 구성개념으로 파악하여 환경에 대한 조직의 유연성과 직무만족이라는 지표를 통해 분석해 보고자 한다.

2. 조직효과성의 접근방법

조직효과성에 대한 관심과 더불어 그에 대한 개념적 접근도 다양한 관점에서 이루어져 왔다. 이는 어떤 관점도 조직효과성의 개념을 설명하는 데 있어 통상적으로 받아들이지 못한 점과도 일맥상통한다고 할 것이다. 이러한 이유는 현실 세계에서 조직은 그 목표나 수행기능에 따라 다양한 형태를 구성하고 있기 때문에 조직효과성에 대한 접근방법도 다양할 수밖에 없다는 것이다.

조직효과성에 대한 접근방법을 논의해 보면 전통적 접근법과 현대적 접근법으로 구분하여 설명할 수 있다. 전통적 접근법은 조직활동이 투입 측면에서 조직의 효과성을 판단하는 시스템적 접근법, 조직 내부 활동 측면에서 조직효과성을 다루는 내부과정적 접근법, 산출 측면에서 효과성을 평가하는 목표달성법 등이다. 이들은 조직의 서로 다른 측면에 중점을 두고 조직효과성을 설명하는 접근법이다. 또한 현대적 접근법은 전통적 접근법의 미흡한 점을 보완하여 전제적인 관점에서 조직을 평가하고자 하는 것으로 전략적 환경요소 접근법, 경쟁적 가치접근법 등이 있다.(이창원 외, 1998; 오세덕, 2004; 정재욱, 1991 등)

본 연구에서는 전통적 접근법으로 시스템적 접근법, 내부과정적 접근법, 목표달성법 그리고 현대적 접근법으로는 전략적 환경요소 접근법, 경쟁적 가치접근법을 중심으로 논의하고자 한다.

1) 전통적 접근방법

(1) 시스템적 접근법

시스템적 접근법(system approach)은 시스템 자원 접근법(system resource approach) 또는 체제모형(systems model)이라 불리기도 한다. 이 접근법은 조직효과성에 대한 평가가 투입물 획득의 능력, 변환과정, 산출물의 유통능력, 안정과 균형의 유지 등에 의해서 이루어져야 한다고 보는 접근방식을 취하고 있다.(Yuchtman & Seashore, 1967) 그리고 이러한 과정에서 자원을 효율적으로 배분하고 보다 큰 시스템에 계속적으로 공헌할 수 있을 때 조직이 효과적일 수 있다고 보는 견해이다. 이를 대표하는 학자로는 Etzioni(1964), Kats와 Khan(1978) 등을 들 수 있다.

이 접근법은 목표달성 접근법이 주로 결과에만 중점을 두어 조직효과성을 부분적으로만 평가하는 단점을 보완한 것으로 조직이 주어진 상황하에서 생존하고 효과적으로 활동하기 위한 제 요건을 기준으로 하여 조직의 효과성을 평가하려는 것이다.(강정대, 1997) 또한 시스템적 접근법은 첫째, 조직을 외부환경으로부터 투입요소(input)를 받아들여서 조직 내 전환과정(throughput)을 거쳐 환경으로 산출(output)하는 하위체계들의 집합체라고 가정하고 있으며, 둘째는 조직이 복수기능적인 사회적 단위로서 목표추구만이 유일한 기능이 아님을 전제로 하고 있다. 이러한 시스템적 접근법은 ① 하위체계 간의 자원의 적정배분 ② 조직이 생존하고 활동하는 데 필요한 자원의 획득능력 ③ 외부환경 변화에 따른 적응능력 ④ 구성원들의 자기개발능력에 중점을 두고 있다.

그러나 이러한 접근법은 조직을 투입-전환-산출의 개방체제로 파악하고 있어 조직과 환경과의 관계를 고려할 수 있다는 점과 거시적으로 전체를 보며 구성요소들 간의 상호기능적인 관계 또는 상호의존성을 밝혀 준다는 장점이 있으나, 조직의 수단, 과정, 궁극적인 목표 사이의 관계를 설명하지 못하는 단점을 지니고 있다.(유영옥, 1998)

또한 각 시스템의 욕구정도의 파악이 어렵고, 조직의 자원 획득이라는 일부 활동만을 강조함으로써 조직 전체의 효과성과 괴리를 나타낼 수 있다는 단점이 있다. 이러한 단점에도 불구하고 조직활동의 상호의존성에 대한 관리자의 인식을 증진시키고, 다른 조직과의 비교를 위한 기틀을 마련해 준다는 점에서 유용하다.

(2) 내부과정적 접근법

내부과정적 접근법은 조직효과성을 조직 내부의 건전성과 경제성 측면에서 평가하는 것이다.(김인수, 1991) 즉 조직구성원들이 조직에 만족하고 행복감을 느끼는 경우나 조직 내부 변환과정의 경제적 효율성이 높은 경우에 조직효과성이 높다고 보는 접근법이다. 또한 이 접근법은 조직이 조직 자체의 목적을 위해서 존재하기보다는 궁극적으로 인간을 위해 존재한다고 가정한다.(Keely, 1978)

내부과정적 접근법에서 조직효과성을 판단하는 기준으로 ① 상사가 부하들을 고려하는 정도, ② 조직구성원 간의 협력 정도, ③ 상사와 부하들 간의 신뢰 및 믿음의 정도, ④ 의사결정이 정확한 정보에 의한 정도, ⑤ 의사전달의 수평적·수직적 원활성, ⑥ 조직목표 및 계획에 따른 조직구성원들의 노력이 통합되는 정도, ⑦ 높은 성과와 성장을 보장할 수 있는 보상체계의 적절성, ⑧ 조직과 하부집단 간 상호작용의 원활성 등이다.

이러한 접근법은 객관적인 조직목표의 관점에서 탈피하여 조직참여자가 구성원의 주관적 관점에서 효과성을 강조했다는 점에서 의의를 지니고 있으며, 산출이 서로 다른 조직의 경우에도 조직효과성의 비교가 용이하다는 장점을 지니고 있다. 그러나 상이한 조직구성원의 이해상충의 가능성을 간과하고 있으며, 조직구성원을 만족시키는 조직능력의 한계 등이 문제점으로 지적되고 있다.

(3) 목표지향적 접근법

목표지향적 접근법(goal-attainment approach)은 목표접근법(goal approach) 또는 목표모형(goal model)이라고도 불린다. 이 접근법은 조직의 목표달성 정도를 조직효과성의 기준으로 삼는 것으로 주로 조직의 산출 측면에서 효과성을 평가하는 것이다. 여기서 말하는 목표달성은 이윤의 극대화, 경기의 승리, 전쟁의 승리, 건강 회복 등의 최종 목표의 달성정도를 의미하며 다음과 같은 기본 가정을 전제로 하고 있다

즉 조직은 궁극적 목표를 가지고 있어야 하며, 이러한 목표는 경험적으로 확인될 수 있어야 한다. 또한 목표의 수는 관리하기 쉬울

정도로 적으며, 이러한 목표들에는 일반적인 합의가 이루어져 있어야 하며, 목표의 달성도는 측정이 가능해야 한다는 것이다.(오세덕, 2004)

전형적인 목표지향적 접근방법은 조직평가의 기준으로 채택되는 목표가 공식적으로 표방된 생산목표이다. 이것은 목표지향적 접근방법에서 주장하는 가장 강력한 내용인 동시에 이를 비판하는 자들의 초점이 되고 있다.

Katz와 Kahn(1978)은 리더에 의하여 인식되는 조직의 첫째 사명은 고도로 유익한 단서를 마련하여 준다는 것인데 리더에 의하여 주어지는 명기된 조직의 목적은 오도될 수 있다. 그러한 목적의 서술은 이념화되고 조직 기능의 일부 기본적 양상을 왜곡, 누락하거나 은폐하기도 한다는 것이다. Etzioni(1964)에 의하면 목표지향 모형은 탐구자의 가치를 개입하지 않고 판단의 기준으로서는 연구과제의 가치를 적용하기 때문에 개입하지 않고 판단의 기준으로서는 연구과제의 가치를 적용하기 때문에 객관적이고 신뢰할 수 있다고 생각하는 것이라고 한다. 그러나 이 모형은 방법론적 결함이 있다고 생각하는 것처럼 객관적이지 못하다는 것이다.

Starbuck(1965)에 의한 비판과도 같이 이상적 상태로서의 목표는 현실적 평가의 가능성이 없고 사회적 시스템으로서의 조직 외부에서 생긴 문화적 실체인 목표는 임의로 조직 자체 특성으로서 귀속시킬 수 없다는 것이 목표지향적 접근방법의 결함이라고 하겠다.

따라서 이러한 과거의 조직효과성 접근방법은 시스템적 접근과 내외부적 접근 그리고 목표지향적 접근방식으로 환경에 대한 조직의 유연성 측면에서 유용한 시사점을 제공해 줄 수 있을 것이다. 또한 직무만족의 측면에서도 조직의 효과성은 많은 영향을 미칠 수 있을 것으로 본다.

2) 현대적 접근방법

(1) 전략적 환경요소 접근법

전략적 환경요소 접근법(strategic-constituencies approach)은 조직의 다양한 활동을 통합적으로 보면서 조직의 여러 구성요소, 즉 이해관계자들에 초점을 둔다. 여기서 이해관계자란 조직의 성과에 이해관계를 갖고 있는 조직 내부 및 외부 집단을 말한다.(Draft, 1992)

이 접근법은 환경과의 상호의존성을 고려한다는 점에서 시스템적 접근법과 같지만, 조직환경의 모든 구성요소(constituencies)를 고려에 넣지 않고 조직의 생존에 위협을 가하는 환경요소만을 대상으로 하여 전략적(사회정치적)으로 그 환경요소들의 기대를 충족시킴으로써 조직을 존속케 한다는 데 차이가 있다. 이 접근방법은 환경이 조직에 대해서 강력한 영향을 미칠 때, 그리고 그것이 요구에 반응해야 할 때 매우 유용하다고 보고(Robert & Hunt, 1991) 효과성 판단의 기준을 조직의 지속적인 존속을 위해 필요한 지지를 확보하기 위하여 주위의 환경요소들의 요구를 충족시키는 능력에 두고 있다.(Pfeffer & Salancik, 1978)

조직에서 이러한 전략적 환경요소 접근법을 적용해서 조직효과성 판단의 기준을 설정하려면 첫째, 조직관리자는 조직의 생존에 영향을 미치는 전략적 환경요소와 내부요소를 파악하여 이들의 목록을 작성한다. 둘째, 각각의 환경요소와 내부요소에 대해 조직이 어느 정도로 의존하는가를 기준으로 이들의 중요성을 평가한다. 셋째, 이들 요소가 조직에 대하여 가지고 있는 기대를 확인한다. 넷째. 이와 같은 여러 가지 기대를 비교하여 상대적인 영향력 내지는 중요성으로 우선순위를 정한다.(이창원 외, 1999)

이러한 전략적 환경요소 접근법은 첫째, 조직이 다양한 이익집단으로부터 다발적이고도 경합적 요구에 직면하고 있다는 점, 둘째. 모든 이익집단은 그 중요성이 다르지 않는다는 점, 셋째, 조직의 효과성은 중요한 전략적 환경요소를 확인하는 능력과 그들의 부과하는 요구를 충족시켜 주는 능력에 의해 결정된다는 점, 넷째, 채택된 목표들은 각 이익집단에 대한 조직의 반응을 나타내는 것이라는 점 등이 전제가 되고 있다.

그렇지만 전략적 환경요소 접근법은 실제 적용상에 있어서 첫째, 광범위한 환경에서 전략적 환경요소를 구분해 내는 작업 자체가 상당히 어렵다는 점, 둘째, 전략적인 환경요소를 구분해 낸다고 해도 이들 요소 간의 상대적 중요성을 결정하는 기준이 모호하다는 점, 셋째, 조직 내 주도집단이 가지고 있는 이해관계에 따라 전략적 환경요소에 대한 지각과 판단이 상당히 영향을 받을 수 있다는 점, 넷째, 전략적 환경요소가 조직에 대해 갖는 기대를 정확히 파악하는 것 역시 어렵다는 점 등이 문제점으로 지적되고 있다. 그러나 이러한 문제점에도 불구하고 조직의 생존과 관련이 있는 환경구조를 이해하고, 전략적 환경요소 접근방법을 통하여 관리자들은 숨겨진 조직환경의 영향요소에 대하여 그들이 무시할 기회를 감소시킬 수 있다는 데 대해서 그 유용성이 있다.

(2) 경쟁적 가치 접근법

경쟁적 가치접근법(competing-values approach)은 의사결정자의 관점·입장·이해관계·자신의 가치관에 따라 조직효과성의 가치가 다르게 평가될 수 있음을 인정하는 마지막 접근법으로, 조직효과성을 측정하기 위한 통합적 틀을 제시하고 있다.

Cameron과 Whetten(1983)은 조직효과성에 관한 보편타당하고 일반적으로 적용될 수 있는 이론개발이 불가능하므로, 차라리 조직효과성을 평가하는 분석틀의 개발이 의미 있는 작업이라고 본다. 이러한 접근법은 이론적으로 Quinn과 Rohrbaugh(1979)와 Cameron(1979), Whettern(1981) 등의 주장에 근거한 것인데 여기서 중요한 것은 이 방법이 첫째, 조직 내 여러 가지 상충되는 목표를 생성시키는 경쟁적 가치가 존재하며 둘째, 조직 내 유일한 목표는 존재치 않고 셋째, 목표에 대한 순수한 의견합의가 없다는 가정을 기초로 하여 전개되고 있다는 점이다.

이러한 중요성에도 불구하고 경쟁적 가치접근법의 문제점으로는 아직까지 그 타당성을 입증할 만한 실증적 연구가 많이 수행되지 못했다는 점이다. 이 접근법의 타당성 여부와 관련하여 볼 때 실제로 4가지 모형이 존재하며, 조직의 라이프사이클과 결부시켜 적용하였을 경우 과연 효과성 평가의 기준으로서 유용한가에 관한 경험적인 입장은 거의 뒷받침되지 못하고 있다는 점은 큰 결점이 되고 있다. 또한 조직관리자들이 자기 조직의 라이프사이클상 현재 어느 단계에 속하고 있는지를 어떤 방법을 통하여 확인할 수 있느냐도 이 접근법이 안고 있는 문제점이다. 둘째, 조직 관리자가 자신의 조직이 어떠한 성장단계에 속하는지를 판단한다는 것이 용이하지 않다는 점이다. 이는 조직효과성을 의사결정자의 관점 또는 입장에 따라서 평가자가 중시하는 가치기준에 따라 상이하게 평가될 수 있다는 것을 의미한다.

그러나 이 접근법이 가지는 유용성은 조직효과성을 판단할 때 다양한 기준이 있으며, 그러한 기준으로 또한 경쟁적 관계에 있음을 인정하고, 다양한 효과성의 측정기준을 네 가지 모형으로 범주화함으로써 어떠한 효과성의 기준이 어떤 조직상황에 적합한지를 적용함으로써 조직평가의 적절성(relevance)을 제고할 수 있다는 점이다.(오세덕, 1984; 이창원, 1999)

이상에서와 같이 조직효과성에 대한 전통적 접근방법으로서 시스템 접근법과 내부과정적 접근법, 목표지향적 접근법을 살펴보았다. 표현상의 차이는 있으나 전통적 접근법은 공히 목표가 조직의 중요한 구성요소가 되지만, 시스템 접근법은 과정적 수단적 목표를 강조하는 한편, 내부과정적 접근법은 조직 내부 변환과정의 경제적 효율성에 중점을 둔다. 또한 목표지향적 접근법은 최종적인 결과목표를 강조하는 것으로 이해될 수 있다. 이러한 접근법과 더불어 60년대의 체제론적 조직관을 승계하여 추상성을 배제하고 실제적 문제해결능력을 제고하고자 70년대 이후에 부각하고 있는 관점으로서 상황적합이론(contingency theory)을 들 수 있다.

상황적합이론은 원래 거시조직이론에 바탕을 두고 출발하였으나 근래에는 조직을 '환경－조직－과업－인간'의 유기적 관계 속에서 파악하고자 하였다. 이러한 관점을 반영하여 효과성 평가기준으로서 조직의 신축성을 중시하고 있는 점이 특징인 전략적 환경요소 접근법을 살펴보았다. 최근에는 기존의 이론들과는 달리 다양한 조직 측면들을 포괄적으로 평가할 수 있는 통합적인 틀을 제시하여, 지금까지 효과성평가이론의 분화과정을 겪으면서 초래된 혼란과 복잡성을 극복함으로써 재통합의 가능성을 시사해 주고 있는 경제적 가치접근법이 등장하였다.

따라서 현대적 접근방법은 환경에 대한 조직의 유연성 측면에서 전략적 환경요소를 가지느냐 그렇지 않느냐에 따라 조직효과성에 영향을 미칠 수 있으며, 전략적이고 상황적합적인 이론들은 직무만족의 측면에서도 영향을 미칠 것으로 판단된다.

3. 조직효과성의 측정지표 및 평가

1) 조직효과성의 측정지표

앞서 논의한 바와 같이 조직효과성이란 조직의 성과를 평가하는 하나의 기준인데 학자들마다 조직효과성의 측정기준 및 측정방법을 다양하게 분류하고 있다. Dalton과 그의 동료들(1980)은 조직효과성의 평가지표를 경제적 성과와 심리적 성과로 구분하였으며 기존 연구자들이 경제적 성과지표보다는 심리적 성과지표에 대한 연구를 더 많이 진행하여 왔다고 주장하였다. 경제적 성과지표에는 수익성, 성장성, 생산성, 총매출액 등이 해당되고, 심리적 성과지표에는 조직구성원들의 사기, 조직몰입, 직무만족 등이 해당된다.

한편, Campbell(1977)은 조직효과성에 관한 기존 연구들에서 조직효과성의 지표로 제시된 변수들을 심리적 지표, 경제적 지표 그리고 관리적 지표로 정리하였다. 여기에서 심리적 지표로는 직무만족도, 동기 부여, 사기, 갈등과 응집성, 유연성과 적응성, 조직목표에 대한 조직원의 동조성, 조직목표의 내면화가 있고, 경제적 지표로는 생산성, 능률, 수익, 품질, 성장성, 환경의 이용도, 이해관계자 집단에 대한 평가, 인적자원의 가치, 목표달성도가 있으며, 또한 관리적 지표로는 사고의 빈도, 결근율, 이직률, 통제, 계획과 목표설정, 역할과 규범의 일치성, 경영자의 인간관계 관리능력, 경영자의 과업지향성, 정보관리와 의사전달, 신속성, 안정성, 조직구성원의 의사결정 참가, 훈련과 개발의 강조가 있다.

또한 사회복지조직에 있어서 조직효과성의 개념을 실증적으로 적용한 성규탁(1986)은 가족계획진료소의 조직효과성을 Mohr(1973)의

이원적 목표모델의 틀을 사용하여 분석하였다. Mohr의 이원적 목표
모델은 공식적인 외부의 산출을 위한 이행적 목표와 조직의 바람직
한 내적 상태를 유지하기 위한 반사적 목표를 구분하여 조직을 평가
함으로, 공식적 목표가 추상적이고 식별이 어려운 사회복지조직의 목
표달성 정도를 측정하는 데 있어 매우 유용하다는 이유로 자주 사용
된다. 성규탁의 가족계획진료소의 조직효과성에 관한 연구(1986)에서
는 효과성의 지표로 외적 효과성 면에서는 서비스의 인간적인 면, 서
비스의 물리적인 면, 의뢰 건수, 재방문자 수를 내적 효과성 면에서는
긴장·갈등의 부재, 부당한 압력의 부재, 내적변화 적응, 외적변화 적
응을 평가하였다. 이밖에 이원적 목표모델을 가지고 조직의 효과성을
평가한 연구로는 변영순(1984)의 보건소 가족계획실의 조직효과성 평
가, 권선진(1994)의 사회복지관의 조직효과성에 관한 연구, 최일섭
외 3인(1994)의 장애인종합복지관의 조직효과성 평가연구 등이 있다.
　나운환(1997)은 장애인복지관의 조직효과성을 전략적 환경요소 모
형 및 G. Schanz 모형의 틀을 복합, 재구성하여 평가하였는데, 전략
적 환경요소 모형이란 조직의 존속을 위협할 수 있는 주위의 고객들
만을 유화시키고자 하는 것이며, Schanz 모형은 조직효과성을 목표
달성, 조직 자체의 유지, 외부 환경에의 적응이라는 세 가지 활동을
어느 정도로 수행하였는가를 평가하는 개념으로 보고 단기적인 측면
에서는 조직의 목표달성 정도를, 장기적인 측면에서는 조직의 유지
나 생존과 관련된 능력을 평가하는 것이다. 나운환의 연구에서는 조
직효과성을 조직적인 차원에서 생산성과 신축성, 고객 및 구성원 차
원에서 장애인 만족도와 직원 만족도로 구분하여 평가하고 있다.
　한편 최재성(1998)은 체계론적 접근법을 채택하여 장애인복지관의
운영평가 도구를 개발하였는데, 이 접근법에서는 사회복지조직을 환
경과의 상호작용을 통해 같은 요소를 투입하더라도 조직의 전환과정

을 통해 상이한 결과를 산출할 수 있는 하나의 유기체로 설정하고 있다. 여기에서는 장애인복지관의 프로그램에 대한 평가를 조직 평가의 일부분으로 포함시켰으며, 프로그램 평가의 투입요소로 노력을, 전환과정에는 적절성과 서비스 질을, 산출에는 서비스 질이나 효과성, 통합성의 개념을 반영하였다. 조직에 대한 평가로는 투입요소로 조직의 구조와 프로그램의 노력성, 전환과정으로는 이용자 만족과 프로그램의 적절성과 서비스 질을, 산출에 대한 평가에는 이용자 만족과 프로그램의 서비스 질, 효과성, 통합성, 총사업실적(효율성)을 포함시켰다.

김통원(1998)은 사회복지 입소시설의 평가제 도입에 따른 예비조사에서 사회복지 입소시설 종사자들이 현재 자신들의 서비스와 기관에 대하여 어떻게 평가하고 있는지를 살펴보았다. 조사도구는 WHO에서 발간한 "Quality Assurance in Mental Health Care" 중 노인입소시설의 Check-list를 번안하여 사용하였으며, 주요 평가 영역은 물리적 환경, 운영체계, 보호과정, 지역사회와 가족과의 상호작용이었다.

외국의 연구결과들을 살펴보면, Keith(1978)는 재활병원의 조직효과성 평가기준으로 환자의 특징, 인력과 조직, 시설과 재정자원, 외적 환경, 재활과정, 퇴원장소, 퇴원횟수, 자립적인 자기케어(self-care), 환자나 가족의 만족도 등을 제시하였으며, Simon(1983)은 재활기관의 조직효과성 기준을 전체 성과물 대비 희망결과물, 기준결과물 대비 희망결과물, 전체 성과물 대비 이익 등으로 제시하였다.(최재성, 1998)

많은 선행연구자들이 조직의 성과나 결과를 평가하기 위해 조직효과성의 기준을 설정하고 각 이론 간의 합의점을 발견하려는 노력이 지속되어 왔으며 조직의 성과정도를 나타내는 지침으로서 조직효과성은 대체로 다음과 같은 속성을 지니고 있다.

첫째, 조직효과성은 개념(concept)이 아니라 구성개념(construct)이라는 속성을 지닌다.(Canpbell, 1976)

둘째, 조직효과성은 다차원적인 접근으로 설명된다. 조직은 일반적으로 복수의 영역 내에서 존재하고 운영되는데 조직의 여러 영역의 이해관계는 그 성격이 다르다. 그러므로 조직은 제한된 수의 영역에서 효과적일 수밖에 없다.(Pennings & Goodman, 1977)

셋째, 조직효과성은 조직을 떠나서는 설명될 수 없다. 조직개념화의 변화는 조직이론 발전의 중심이 되며, 궁극적인 종속변수를 능률로 생각한 조직이론의 초기에서부터 더욱 복잡해졌지만 조직개념화의 가치는 그 조직 현상에 대한 정확한 면보다는 그 자체의 완전성을 토대로 판단하는 것이다.

2) 조직효과성의 평가

1950년대까지 지배적이었던 '목표를 추구하는 실체로서의 조직관'에서의 조직효과성은 수단(means)보다는 최종 목표(ends) 또는 1차 목표(primary goal)의 달성에 초점을 맞추어져 있었다. 그러나 1960년대에 주류를 이루기 시작한 '개방체제로서의 조직관'에서의 조직효과성은 최종 목표의 달성보다는 목표달성을 위해 필요로 하는 수단과 과정(process)에 초점이 맞추어져 왔다. 그리고 1970년대부터 부각되고 있는 '상황적합론적 조직관'에서의 조직효과성은 이 두 가지 경향을 통합하려는 입장을 취하고 있다. 이와 같이 전개된 조직관은 결과적으로 조직효과성에 관한 접근방법의 다양성을 초래하고 이에 대한 평가기준 및 측정지표의 다양화를 초래하게 되었다.

이러한 이유는 조직효과성이 지닌 다원적 성격에 원인을 두기도

하지만 상당 부분은 접근방법상의 차이에서 발생되었으며(정재욱, 1991), 여러 학자들의 관심사항과 연구목적에 의하여 다양한 기준이 제시되고 있는 것이다.(이명재, 1995)

조직효과성을 평가하는 지표들은 위와 같이 다양하지만 본 연구에서는 이러한 다양한 측정지표 중 사회복지기관의 조직구성원의 성격유형과 조직효과성과의 관계를 규명하기 위한 평가지표로 조직효과성 중 환경에 대한 조직의 유연성과 직무만족을 제시하고자 한다.

(1) 환경에 대한 조직의 유연성

조직의 유연성(flexibility)은 조직의 지향하는 임무 지향이며 지향하는 대상이 외부, 즉 고객과 환경인 경우의 조직의 효과성을 나타내는 지표이다.(권기성, 1989) 유연성은 조직이 조직의 환경변화에 대응하는 정도를 나타낸다. 환경변화는 고객의 마음과 행동에 영향을 주기 때문에 조직이 환경변화에 적응하는 것은 조직이 고객의 변화에 반응하는 것이 된다. 즉 유연성은 융통성이나 탄력성으로 번역되기도 한다.

조직의 효과성은 그 정도에 따라 업무적 유연성, 전략적 유연성, 구조적 유연성으로 구분할 수 있다.(Ansoff & Brandenburk, 1971) 업무적 유연성이란 조직환경의 변화에 단순히 양적으로 변화하여 적응하는 것이다. 전략적 유연성이란 조직환경의 변화에 질적으로 변화하는 것이다. 예컨대 상품이나 재화를 생산하는 조직구조 자체를 변혁하는 것이다.

조직의 유연성을 확립하기 위해서는 적응능력의 확립과 혁신능력의 확립이 필요하다.(최종태, 1985)

적응능력(adaptive ability)이란 조직이 수동적으로 환경의 변화에 적응하는 행동을 말한다. 이것은 고객의 요구에 반응하는 것과 같으므로 조직의 반응성(responsiveness)이라고 볼 수 있다. 이를 감응성이라고도 한다. 한편 혁신능력이란 조직이 환경에 수동적으로 적응하는 것은 물론이고 능동적으로 환경에 도전하는 행동을 뜻한다. 조직이 유연성이 있다는 것은 고객에게 새로운 수요를 창출할 수 있는 조직의 쇄신능력이 있다는 것을 의미한다. 따라서 혁신성에는 조직구조의 변경능력이 포함된다.

이러한 환경에 대한 조직의 유연성에 대한 사례를 살펴보면 우선 SAS 연구소의 경우 작업환경(work environment)의 개선을 위해 직원들을 성인으로서 대접하고 그들의 성장을 지원하는 문화를 제공하고 그들의 업무와 삶에 가치를 더하는 관행을 개발시키려는 노력을 하고 있다. 즉 작업환경과 문화의 개선으로 환경에의 적응력을 키워주고 있는 것이다.

또한 Jim Collins와 Jerry Porras는 "BUILT TO LAST"(성공하는 기업의 8가지 습관)에서 GE와 모토롤라의 사례를 들어주고 있다. 미국의 GE사의 경우를 보면 GE의 워크아웃은 상사와 부하 직원이 문제를 깊게 살펴보고, 함께 새로운 결론에 이르고 실행할 계획을 가져오게 하였다. 모토롤라는 고양된 피고용자를 직무와 연관시켜 SIX SIGMA 전략에 있어 주도권을 갖게 함으로써 권한에 따른 유연성을 추구하였다. GE와 모토롤라는 비록 이러한 기업전략에 많은 비용을 들이긴 하였지만 이러한 투자가 궁극적으로 조직의 발전에 지대한 영향을 끼쳤음이 밝혀졌다.

(2) 직무만족

가. 직무만족의 개념

조직구성원의 직무만족 여부는 그 조직의 효과성과 관련하여 중요한 의미를 지닌다. 조직구성원들은 자기의 직무에 대한 만족 여부에 따라 조직에 대하여 긍정적일 수도 있고 부정적일 수도 있다. 이는 곧 직무만족이 조직효과성의 중요한 요인임을 보여주는 것이다.(이종두, 1996) 따라서 직무만족은 그 자체로서 중요할 뿐만 아니라 다른 직무태도나 조직행동에 커다란 영향을 미치기 때문에 계속적인 관심을 가져야 하는 중요한 주제가 되며, 조직효과성과의 관계를 확인하는 과정에서 조직몰입7)과 함께 가장 빈번하게 사용된다.(백범기, 1998)

그러나 이와 같이 중요하다고 여겨지는 직무만족에 관하여 그 개념과 정의가 무엇이냐에 대하여는 이론이 다양하고(이천기, 1988), 지금까지 직무만족에 관한 연구논문이 Hoppock(1935) 이후 많이 발표되었으나 아직까지 그 정의가 일반화되어 있지 않고 있기 때문에 여기서는 직무만족에 관한 연구의 대표적인 학자들의 견해를 먼저 살펴보고 이를 근거로 하여 직무만족에 관한 개념적 정의를 도출하고자 한다.

Smith(1955)는 직무만족감은 각 개인이 자기 직무와 관련되어 경험하는 모든 호악감의 총화 또는 이러한 호악감의 균형상태에서 기인되는 하나의 태도라고 정의하였다.

Locke(1976)는 직무만족을 "개인이 직무를 평가하거나 직무를 통해서 얻게 되는 경험을 평가함으로써 얻게 되는 유쾌함이나 혹은 정서상태"라고 정의하였다.

---

7) 몰입(Commitment)이라는 용어는 사회학 학자들이 특정한 개인 또는 집단의 고유한 행동방식을 나타낼 때 조사적(措寫的) 개념으로 사용하였다.(Becker, 1960) 그 후 조직몰입은 1960년대 이후 사회학, 산업심리학, 행동과학 등 여러 분야에서 폭넓게 연구되어 왔다. 이와 같이 조직몰입이 주목을 받는 중요한 이유는 조직몰입 수준이 높은 구성원은 더 많은 성과를 내고,(Mowday, Porter & Dubin, 1974) 조직효과성의 유용한 예측지표가 될 수 있기 때문이다.(Steers, 1977) 또한 비교적 장기간에 걸쳐 안정성을 가지고 있어 조직구성원의 태도와 행동 사이의 관계를 잘 나타내 주고 있기 때문이다.(Angle & Perry, 1981)

McCormik과 Ilgen(1980)은 직무만족이란 구성원의 직무와 관련을 가지는 감정적 태도라고 할 수 있으며, 행동이나 활동이 아닌 상태로서 이해되어지고 태도, 가치, 욕구, 신념 등과 밀접한 관계가 있다고 한다.

또한 Smith(1992)는 직무만족이란 각 개인이 자기 직무와 관련하여 경험하는 모든 감정의 총화 또는 이러한 감정의 균형 상태에서 기인되는 하나의 태도라고 정의하였다.

이상에서 살펴본 직무만족에 대한 학자들의 개념 정의를 종합해 볼 때 직무만족의 특징적인 속성인 개인의 가치, 신념, 태도 등에 따라 다름을 알 수 있다. 직무와 직무환경 등과 관련하여 갖는 감정적인 것, 활동이나 행동이 아닌 상태 등을 지적할 수 있다. 이들을 근거로 하여 본 연구에서는 직무만족을 조직구성원 개개인이 자기의 욕구와 가치 그리고 태도와 신념 등의 수준이나 차원에 따라 그들의 직무나 직무환경 등에 대하여 갖는 포괄적인 감정적 상태라고 정의하고자 한다.

나. 직무만족의 구성요인

조직구성원의 직무만족을 함축성 있게 설명해 줄 수 있는 요인이 무엇인가를 명확히 규명한다는 것은 그리 쉬운 일이 아니다. 왜냐하면 조직마다 내·외적 환경에 따라 또는 개인적 특성에 따라 다르기 때문이다. 따라서 직무만족의 구성요인에 관하여 연구한 대표적인 학자들의 선행연구를 살펴본 후, 이를 근거로 하여 본 연구에서 필요로 하는 직무만족의 구성요인을 추출해 보고자 한다.

Herzberg(1959)는 조직생활에서 사람에게 만족을 주고 직무수행의 동기를 유발하는 데 작용하는 동기요인과 사람들에게 불만을 느끼게 하거나 그것을 해소하는 데 작용하는 위생요인은 서로 다르며 두 가지가 중첩되는 경우는 매우 드물다고 하였다. 그에 의하면 동기요인 또는 만족요인은 직무상의 성취, 직무성취에 대한 인정, 직무내용 자체, 책임, 성장 또는 발전 등 다섯 가지이다. 그리고 위생요인 또는 불만족요인은 조직의 정책과 행정감독, 보수, 대인관계, 작업조건 등 다섯 가지이다. 여기서 위생요인이 직무행태에 미치는 영향은 동기요인의 경우보다 훨씬 단기적이다. 위생요인은 사람이 직무를 수행하는 상황 또는 환경과 사람 사이의 관계에 관한 것이기 때문에 이것을 개선하면 불만을 줄이는 데 도움이 된다.

Gilmer(1966)는 직무만족의 결정요인으로 안전, 승진, 보수, 직무의 본질적 측면, 감독, 의사소통, 직무의 사회적 측면, 작업환경, 복리후생 등 아홉 가지를 들고 있다.

Hulin과 Smith(1965, 1967)는 Herzberg 가설의 타당성을 검증하기 위하여 뉴잉글랜드 지방의 2개 전자회사에 75명의 여자와 185명의 남자를 표본으로 조사한 연구에서 직무만족의 요인으로 업무, 보수, 승진, 감독, 동료 등 다섯 가지를 들고 있다.

Ronan과 동료들(1973)은 직무만족의 요인으로서 직무내용과 수행된 실제 업무 그리고 업무에 대한 통제, 직접적인 통제조직과 관리 승진기회, 보수와 기타 재정적 편익, 동료, 작업환경 등 일곱 가지를 들고 있다.

Locke(1976)는 직무만족 요인을 현상(events)과 행위자(agents)로 구분하여 연구하였으며 그 결과 직무만족에 영향을 주는 대표적인 요인으로 직무 자체, 보수, 승진, 인정, 복리후생, 작업환경, 감독, 동료, 회사 경영방침 등을 제시하였다.

Seals(1977)는 직무만족의 요인으로 동료, 직장의 일, 보수와 직장의 안전, 근무조건, 직장에서 활용할 수 있는 설비와 감독을 들고 있다.

〈표 2-3〉 직무만족의 구성요소

연구자	구성요인	
Herzberg(1959)	만족요인(동기요인)	① 직무상의 성취 ② 직무성취에 대한 인정 ③ 직무내용 자체 ④ 책임 ⑤ 성장 또는 발전
	불만족요인(위생요인)	① 조직의 정책과 행정 ② 감독 ③ 보수 ④ 대인관계 ⑤ 작업조건
Gilmer(1966)	① 안전 ② 승진 ③ 보수 ④ 직무의 본질적 측면 ⑤ 감독 ⑥ 의사소통 ⑦ 작업환경 ⑧ 직무의 사회적 측면 ⑨ 복리후생	
Hulin과 Smith(1965)	① 업무 ② 보수 ③ 승진 ④ 감독 ⑤ 동료	
Ronan 등(1973)	① 직무내용 ② 직접적 통제 ③ 조직과 관리 ④ 승진기회 ⑤ 보수 ⑥ 동료 ⑦ 작업환경	
Locke(1976)	① 직무자체 ② 승진 ③ 보수 ④ 인정 ⑤ 복리후생 ⑥ 작업환경 ⑦ 감독 ⑧ 동료 ⑨ 회사경영방침	
Seals(1977)	① 동료 ② 직장의 일 ③ 보수와 직장의 안전 ④ 근무조건 ⑤ 설비와 감독	

※ 출처: 김종진(2005), 리더십과 조직문화가 조직유효성에 미치는 영향: 국립대학을 대상으로, 충북대 대학원 박사학위논문.

연구 설계

제 3 장

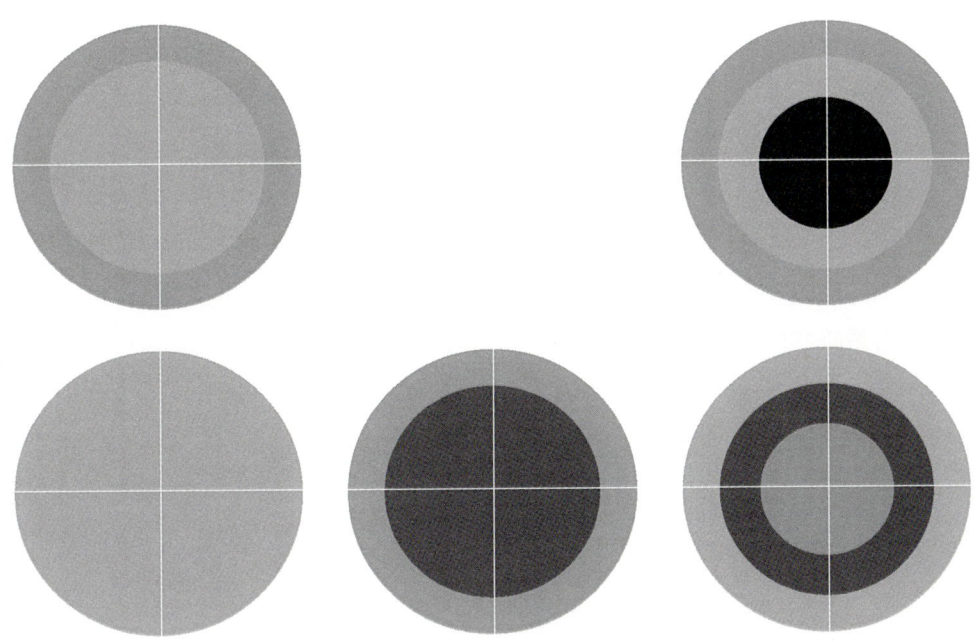

제 1 절 연구모형 및 가설설정

1. 연구모형

본 연구는 사회복지기관에 근무하는 조직구성원들의 성격유형과 조직효과성 간의 관계를 알아보고 임파워먼트가 조직구성원의 성격유형을 매개하는지에 대해 알아보기 위하여 경기 북부지역 사회복지기관 조직구성원 323명을 대상으로 성격유형과 임파워먼트, 조직효과성과의 관계를 규명하고자 하였다.

즉 사회복지기관에 근무하는 조직구성원들을 대상으로 5가지 성격유형에 대한 설문조사를 실시 후 성격유형이 조직효과성에 어떠한 관계가 있는지 분석하고, 또한 임파워먼트된 조직구성원이 조직효과성에 어떠한 영향을 미치는지에 대한 차이검정을 실시하고자 하였다.

따라서 복지기관 구성원의 조직효과성을 검토하기 위한 통제변수로 사회복지사 자격증의 소지 여부, 그리고 복지기관의 유형(종합복지관, 노인복지관, 장애인복지관, 기타기관 등)의 검토를 통해 성격유형과 임파워먼트가 조직효과성에 어떠한 관계가 있으며 그 차이는 무엇인지를 분석하고자 하였다. 이에 따라 설정된 독립변수와 종속변수 간의 상호관계 모형은 <그림 3-1>과 같다.

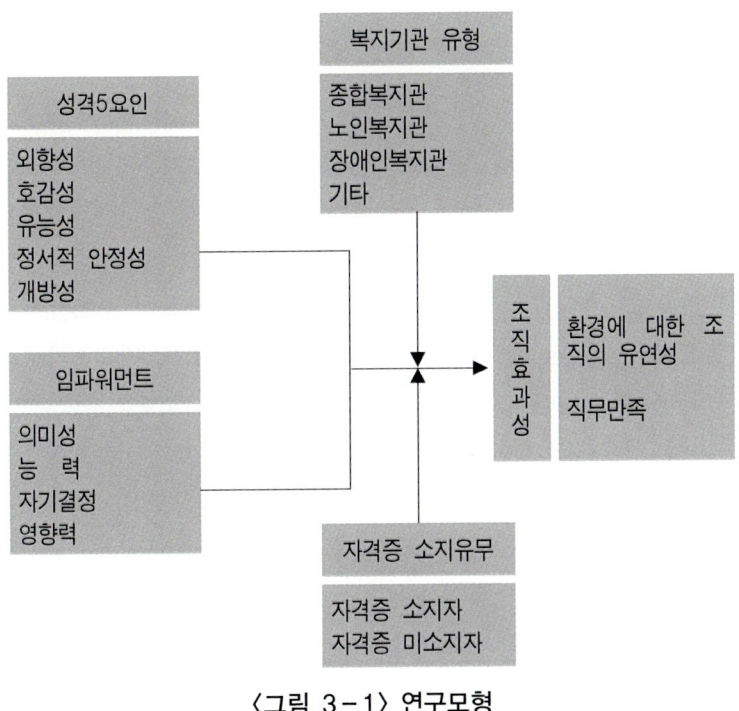

〈그림 3-1〉 연구모형

2. 가설설정

위의 연구모형에서 계획되어진 연구의 목적과 구조를 기본 토대로 하여 본 연구에서는 기존의 선행연구들을 기초로 다음과 같은 가설 을 설정하고자 한다.

1) 성격 5요인과 조직효과성과의 관계

조직을 평가하는 데 있어 조직목표를 중심으로 파악하는 데는 복잡하고 어려운 문제들이 있으므로 일반적으로 조직목표라는 종합적인인 개념 대신 조직효과성이라는 구체적인 개념에 입각하여 평가하게 된다.[8] 조직효과성은 많은 사람들이 여러 시각에서 접근하고 있기 때문에 그 개념이 다양하다. 1950년대만 하더라도 조직효과성은 조직목표의 성취도로 어렵지 않게 이해되었다. 그러나 1960년대에서 1980년대를 거치면서 조직효과성에 대한 연구는 헤아릴 수 없을 정도로 많이 이루어졌으며, 모든 조직에 공통되는 효과성에 대한 일치된 정의는 내리지 못하고 있는 실정이다.(이명재, 1995)

Byrneet(1971)은 태도와 매력에 관해 수행한 실험에서 자신과 유사한 사람을 좋아하고, 더 유사할수록 그 사람을 더 좋아한다는 결과를 증명했다. 또한 함께 근무하는 사이에서도 개인과 개인 간의 상호 유사성은 여러 가지 면에서 긍정적 효과가 나타난다고 하였다. 실질적으로 선호도가 비슷한 사람과 일치하는 경우 조직몰입이 높게 나타났으며, 낮은 이직의도를 보여줬다.(Meglino & Ravlin & Adkins, 1989, 1992)

Steers(1977)는 조직효과성을 희소하고 가치 있는 자원을 획득하고 활용할 수 있는 조직의 능력이라고 정의하면서 이러한 정의를 바탕으로 개인-조직 성격부합도의 정도에 따라 조직효과성이 다르게 나타날 것이라고 가정한 유태용(1997)의 연구에서는 개인-조직 간 성

---

8) 기존의 논의에서 살펴보았듯이 조직목표는 '조직이 어느 정도 목적을 달성하였느냐'라는 것이 조직목표라고 논의한다면 이러한 개념은 조직목표가 여러 환경요인과 조직 자체의 구성요소에 의해 변화, 그리고 조직목표 자체를 조직성과의 결과로 파악하기 어려움으로 본 연구에서는 보다 구체적인 개념으로 조직효과성을 설정하고 있다.

격부합도가 높은 집단이 낮은 집단에 비해 보다 조직이 효과적이라고 지각한다는 것을 밝히고 있다.

또한 Schneider(1987)는 이러한 이유가 사람은 자신과 유사한 성격을 지니고 있는 조직에 이끌리고, 조직 또한 조직을 효과적으로 운영하는 데 요구되는 특별한 능력을 갖춘 사람을 선택하며, 조직에 부합되지 않는 사람은 퇴출하려는 경향에 그 원인이 있다고 하였다. 이러한 과정의 순환을 통해 더욱 개인과 조직 간의 성격부합도는 증가하며, 이는 조직구성원들을 보다 조직의 성격과 일치하는 방향으로 활동하게 하고, 이로 인해 조직구성원이 조직의 맥락과 목적을 잘 이해하게 하고 조직이 효과적으로 운영되게 된다는 것이다.

Kristof(2000)는 신입사원들이 자신이 지원한 조직에 대해 개인-조직 간 부합을 평가하는 데 사용했던 특성들을 확인하고, 신입사원 전체가 개인-조직 간 부합을 나타내는 것으로 성격을 언급하였으며, 반면에 65%만이 가치를 언급하였다. 이러한 결과는 개인-조직 간 부합에서 성격의 중요성이 잘 나타난다고 볼 수 있을 것이다.

따라서 본 연구는 선행연구들의 결과를 기초로 다음과 같은 가설을 설정하였다.

가설 1. 사회복지기관 조직구성원(사회복지기관 전체, 사회복지사 자격소지자, 사회복지사 자격 미소지자)의 성격유형에 따라 조직효과성(환경에 대한 조직의 유연성, 직무만족)에 유의한 차이가 있을 것이다.

가설 2. 사회복지관 유형(종합복지관, 노인복지관, 장애인복지관, 기타)에 따른 조직구성원의 성격유형에 따라 조직효과성(환경에 대한 조직의 유연성, 직무만족)에 유의한 차이가 있을 것이다.

2) 임파워먼트와 조직효과성과의 관계

강경희(2001)는 학교장이 교사에게 권한을 많이 위임할수록 학교 조직분위기는 친화적이고 학구적이며 지원적 행동이 강조되는 긍정적인 관계를 나타낸다고 하였다.

Stewart(1995)는 임파워된 구성원 대부분은 과업수행 과정을 스스로 계획하고, 실행, 통제, 조정하며 자긍심과 조직몰입도가 높고, 구성원 간 상호 신뢰에 의해 형성된 인간관계로서 조직몰입의 원동력이 된다고 하였다.

배선식(2003)은 직무특성과 임파워먼트 관계에서 기능다양성, 자율성, 피드백의 하위변인을 공공조직을 대상으로 측정한 의미성 분석결과 기능다양성, 자기결정성에서의 기능다양성, 역량, 기능다양성, 자율성에 유의미한 영향관계를 나타내었다.

최익봉(1998)은 임파워먼트가 선행변수들과 조직효과성 변수 간의 매개변수로서의 역할을 하며, 직무만족과 조직몰입 간에 유의적인 매개변수로서 영향력을 미친다고 하였다.

임성현(2003)은 역량확대 수준이 직무만족, 직무몰입, 직무성과에 미치는 영향에 관한 실증적 연구에서 역량, 즉 임파워먼트가 조직구성원 개인에게 확대될수록 직무만족, 직무몰입, 직무성과에 영향을 미친다고 하였다.

안관영·김준기·이한주(2002)는 교사들의 임파워먼트와 조직몰입의 관계에서 임파워먼트가 조직몰입, 의미감, 자율성, 자기효능감, 영향력에 긍정적 관계를 갖는 것으로 나타냈다.

이철우(2001), 신국희(2000), 정해주(1998), 한훈(2001) 등의 연구에서도 임파워먼트를 높게 지각하는 집단이 낮게 지각하는 집단에 비해 조직효과성에 긍정적인 영향을 미치는 것으로 나타나고 있다.

이와 같이 조직에 대한 연구로 임파워먼트, 조직효과성에 관한 선행연구들은 일반 사회조직을 대상으로 연구된 흔적을 많이 찾아볼 수 있었으며, 조직의 효과성을 높이는 변인으로 조직분위기와 임파워먼트의 활용을 강조하고 있는 실정이다.

따라서 본 연구는 선행연구들의 결과를 기초로 다음과 같은 가설을 설정하였다.

가설 3. 사회복지기관 조직구성원(사회복지기관 전체, 사회복지사 자격소지자, 사회복지사 자격 미소지자)의 임파워먼트에 따라 조직효과성에 유의한 차이가 있을 것이다.

가설 4. 사회복지관 유형(종합복지관, 노인복지관, 장애인복지관, 기타)에 따른 조직구성원의 임파워먼트에 따라 조직효과성(환경에 대한 조직의 유연성, 직무만족)에 유의한 차이가 있을 것이다.

이러한 가설의 설정은 사회복지기관 조직구성원의 성격유형과 조직효과성 이외에 복지기관별 조직구성원의 성격유형과 조직효과성의 관계, 그리고 복지기관별 조직구성원의 임파워먼트와 조직유효성의 관계를 파악함으로써 내·외부적인 관계를 모두 검토하여 논의를 진행할 수 있을 것이다.

제 2 절 조사설계

1. 표본설계

본 연구의 대상이 되는 모집단은 경기 북부지역 복지기관에 근무하고 있는 사회복지기관 조직구성원들을 대상으로 편의표본 추출을 통하여 설문응답의 대상으로 선정하였다.

기초자료는 연구자와 사전에 설문조사 방법에 대하여 직접방문을 통해 수집되었으며, 대상자는 자기기입식 설문지(Self-administered Questionnaire Survey Method)를 통하여 설문에 응하였고, 응답자에 의해 작성된 설문지를 회수하여 분석하였다. 설문지는 폐쇄형 질문으로 명목척도와 등간척도로 구성하였다. 폐쇄형 질문은 응답자로부터 나올 수 있는 가능한 답을 미리 설정하고, 제시하여 응답자로 하여금 제시된 응답 중에서 선택하게 하는 것으로 답이 표준화되어 비교하기 쉽고, 분석에 용이하며, 부적절한 응답의 비율을 낮출 수 있어 본 연구에 적합하다고 판단하여 선택하였다.

설문지는 총 626부를 배포하여 최종적으로 323부가 회수되었다. 전체 설문지 회수율은 50%로 이는 사전 교육을 받은 조사자들이 직접 현장을 방문하여 설문대상자들과 1:1로 설명을 한 후 회수를 함으로써 좀 더 높은 회수율을 달성한 것이다.

2. 변수의 조작적 정의 및 설문구성

위와 같은 가설들을 검증하기 위해서 각 개념에 대한 보다 구체적인 조작적 정의를 하였으며, 조작적 정의에 근거하여 선행연구에서 사용하였던 문항들을 참고하여 설문문항 및 척도를 작성하였다.

1) 성격 5요인

본 연구에서는 성격특성의 하위요인들에 대한 정의는 다음과 같다.

(1) 정서적 안정성

정서적 안정성은 일상생활에서 적응 정도와 긍정적 정서를 경험하는 정도로 정의 내리고자 하며, 불안, 두려움, 우울감, 죄책감 등의 부정적 정서와는 반대되는 정도를 의미한다.

(2) 외향성

외향성은 사회복지기관의 구성원들이 사교적이고, 모임을 좋아하며, 외부의 자극과 흥분을 좋아하고, 열성적이며 쾌활하며, 적극적이며 자기주장이 강한 정도를 의미하며, 사교, 자극추구, 쾌활성 등의 성향을 나타내는 정도를 의미한다.

(3) 개방성

개방성은 풍부한 상상력을 지니며, 감정이 풍부하고, 심리적 감수

성, 내적 감정의 민감성, 변화 선호의 경향성, 지적 호기심, 자율적
인 판단력을 내리는 정도로 정의하고자 하며, 상상력, 정서, 지적 호
기심이 많은 정도를 의미한다.

(4) 호감성

호감성은 사회복지기관의 구성원들의 대인관계를 설명해 주는 차
원으로 사람을 좋아하고 신뢰하며 쉽게 애정을 표현하며 순응적이고
남을 돕고자 하며, 남을 배려하고 베풀며 동정심을 지닌 정도를 의
미하며, 온정성, 솔직성, 이타성, 순응성이 많은 정도를 의미한다.

(5) 유능성

유능성은 타인이 시키지 않아도 무슨 일이든 스스로 잘하고, 사려
깊으며, 계획 및 조직력이 있으며, 정해진 규칙을 잘 따르는 정도를
의미하며, 유능감, 정연성, 신중성, 동조성이 많은 정도를 의미한다.

사회복지기관의 조직구성원의 성격특성을 측정하기 위하여 Costa
& McGrae(1992)가 제작한 성격질문지를 안창규·이경임(1996)이 국
내 실정에 맞게 번역하여 제시한 NEO-PI-R를 기초로 본 연구에
서는 관련 검사 및 선행연구의 분석을 통해 자료를 수집하여 사회복
지기관의 조직구성원의 성격을 잘 기술해 줄 수 있는 문항들로 성격
질문지를 직접 재구성하였다.

본 검사의 척도는 외향성, 개방성, 호감성, 정서적 안정성, 유능성
이며 각각에 대한 하위 척도로 5개씩 25개 문항이다. 각 문항은 리커
트 5점 척도로 전혀 그렇지 않다-매우 그렇다로 응답하도록 하였다.

본 연구에서는 특성 이론적 입장에 근거하여 사회복지기관의 조직
구성원 성격을 측정하기 위한 질문지를 재구성하였으며, 재구성된

성격 척도 및 그 하위요인의 개념을 제시하면 다음과 같다. 조직구성원들의 성격검사에 측정되는 5개 요인은 정서적 안정성, 외향성, 개방성, 유능성, 호감성이며 이들 하위요인들은 <표 3-1>과 같다.

〈표 3-1〉 성격특성 검사의 요인구조

5요인 구조	하위요인				
정서적 안정성	불안	분노	우울	자의식	스트레스취약성
외향성	온정성	사교성	긍정성	적극성	리더십
개방성	상상력	문화	정서	경험추구	사고의 개방성
호감성	믿음	솔직성	배려	수용성	겸손
유능성	유능	조직화 능력	목표지향성	자기통제력	책임감

2) 임파워먼트

본 연구에서는 임파워먼트의 개념을 Spreitzer(1995)의 개념적 정의를 기초로 하여 과업성취에서 자신의 노력이 결과에 미치는 영향, 주어진 직무를 능숙하게 처리할 수 있는 유능한, 조직구성원의 목표를 기준으로 한 직무의 의미, 스스로의 결정에 의해 직무행동을 결정하는 선택의 내재적 업무동기를 구성원들에게 부여하는 과정으로 정의하고자 한다. 임파워먼트의 세부 하위요인들에 대한 조작적 정의는 다음과 같다.

(1) 의미성(meaning)

자신이 하고 있는 일을 중요하게 여기고 의미를 부여하는 정도

(2) 능력(competence)

과업에 대한 자기효능감으로 과업에 대한 자신감을 느끼는 정도

(3) 자기결정력(self-determination)

개인이 자신의 행동을 주도하고 통제할 수 있다는 지각하는 정도로 업무 및 부서에 대한 재량권을 의미한다.

(4) 영향력(impact)

개인이 성과에 영향을 미치는 정도로 정의 내리고자 한다.

변수의 측정은 Spreitzer(1995)가 제안한 의미성(meaning), 유능함(competence), 자기결정(self-determination), 영향력(impact) 등 4개의 요인에 대하여 리커트 5점 척도로 측정하고자 한다.

3) 조직효과성

본 연구에서는 Price(1972)의 제안한 조직효과성의 개념을 기초로 조직의 효과성을 조직의 목표달성 정도를 나타내는 지표로 정의하고자 한다. 조직효과성의 세부 하위요인들에 대한 조작적 정의는 다음과 같다.

(1) 직무만족

Schermerhorn(1996)은 직무만족을 개인이 자신의 업무에 대하여 긍정적이거나 부정적으로 느끼는 정도를 의미한다고 하였고, Locke(1969)은 달성한 업무에 대한 자신의 평가로부터 얻어지는 유쾌한 감정 상

태로 직무만족을 정의하고 있다. 본 연구에서는 Locke(1969)의 정의
에 기초하여 직무만족을 자신의 업무에 대하여 느끼는 유쾌한 감정
상태로 정의하고자 한다.

변수의 측정은 Churchill, Ford와 Walker(1976)의 연구를 토대로 장
상태(2002)의 연구를 기초로 '나는 업무에 전반적으로 만족한다', '나
는 상사에 대해 만족한다' 등 5개 문항을 리커트 5점 척도로 측정하
고자 한다.

(2) 환경에 대한 조직의 유연성

본 연구에서는 권기성(1989)의 개념적 정의를 토대로 환경에 대한
조직의 유연성을 조직의 환경변화에 대응하는 정도로 정의하고자 한다.

변수의 측정은 이두진(2005), 박현영(2004), 박진희(2003), 권해영
(2006)의 연구를 기초로 사회복지기관의 환경에 대한 조직의 유연성
을 측정하기 위한 본 연구에서는 10개의 대표문항을 임의로 구성하
여 사용하였으며, 리커트 5점 척도로 측정하고자 한다.

따라서 설문지의 구성은 앞서 논의한 바를 토대로 아래의 표와
같이 정리할 수 있다.

〈표 3-2〉 설문지 구성

변수명	구성요인	문항수	출 처
성격유형	정서적 안정성	5	Costa & McGrae(1992) 안창규(1997)·이경임(1995)
	외향성	5	
	개방성	5	
	호감성	5	
	유능성	5	
임파워먼트	의미성	3	Spreitzer(1995) 장상태(2002)
	능 력	3	
	자기결정	3	
	영향력	3	
조직효과성	환경에 대한 조직의 유연성	10	이두진(2005),박현영(2004) 박진희(2003), 권해영(2006)
	직무만족	5	Churchill, Ford와 Walker(1976) 장상태(2002)
인구통계적 특성		12	
합 계		52	

조사방법 및 측정

제 4 장

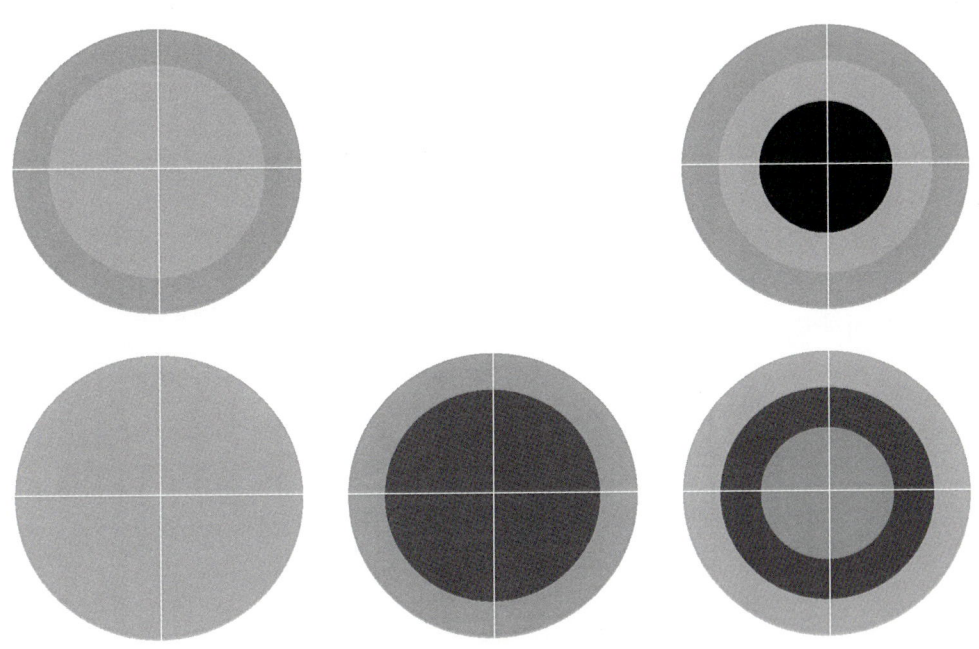

제 1 절 조사방법 및 표본의 특성

본 연구의 대상이 되는 모집단은 경기 북부지역 복지기관에 근무하고 있는 사회복지사들을 대상으로 설문조사를 실시하였으며, 설문조사는 2006년 9월 15일에서 10월 4일 사이에 이루어졌으며 총 626부를 배포하여 최종적으로 323부가 회수되어 이를 실증분석에 활용하였다. 배포대상별로는 노인복지시설(156부), 장애인시설(155부), 종합복지관(110부), 아동복지시설(65부), 재활원 및 직업재활원(130부), 가정복지기관(10부) 등이다.

설문지를 통해 수집한 기초자료는 데이터코딩 과정과 데이터 클리닝 과정을 거쳐서 통계분석에 활용되었다.

수집된 자료를 바탕으로 설문응답자의 일반적 특성과 각 설문 문항별 개략적인 통계량을 파악하기 위하여 빈도분석(frequency analysis) 및 기술통계분석을 이용하였다.

설문지에서 활용된 측정척도의 신뢰성과 타당성을 측정하기 위한 목적으로 연구모형에 선정된 변수들의 신뢰도와 타당도를 측정하기 위한 신뢰도 분석(reliability analysis) 및 요인분석(factor analysis)을 실시하였다.

또한 본 가설의 검증을 위하여 고객과 서비스 제공자에 대한 초기 대인 신뢰 수준과 선행변수와 결과변수 간의 관계를 규명하고 초기 대인 신뢰가 고객의 심리적 측면과 행동 의도 측면에 어떠한 영향을 미치는지 파악하고 구조적인 인과관계를 종합적으로 분석하기 위해 회귀분석(regression analysis)을 실시하였다.

응답자의 표본의 특성을 파악하기 위하여 빈도분석(Frequency Analysis)을 실시한 결과를 살펴보면 다음의 <표 4-1>과 같다.

조사표의 성별구성을 살펴보면, 남자가 91.3%, 여자가 7.4%로 나타나며, 연령별로는 20대 27.6%, 30대 42.1%, 40대 24.5%, 50대 3.7%, 60대 1.2% 무응답 0.9%의 구성비율을 보였다.

교육수준별로는 고졸 15.5%, 대졸 67.8%, 석사졸 15.2%, 박사졸 0.3%, 무응답 1.2%로 나타났고, 재직상태별로는 정규직 91.3%, 계약직 7.4%, 무응답 1.2%의 비율을 차지했다.

근무기간별로는 1년 미만 12.1%, 3년 미만 23.7%, 5년 미만 17.0%, 10년 미만 18.6%, 10년 이상 23.8%, 무응답 4.6%의 비율을 차지했으며, 자격별로는 사회복지사 57.3%, 일반사무직 16.1%, 기능직 10.5%, 기타 13.9%, 무응답 2.2%로 나타났다.

규모별로는 10명 미만의 조직이 14.9%, 30명 미만 47.4%, 50명 미만 13.6%, 100명 미만 0.3%, 100명 이상 15.5%, 무응답 8.4%로 조사되었고, 복지기관 유형별로는 종합복지관 20.7%, 노인복지관 14.6%, 장애인복지관 22.6%, 기타 40.9%, 무응답 1.2%로 나타났다. 또한 업무유형별로는 행정 12.7%, 행정＋서비스 47.4%, 서비스 27.2%, 기타 11.8%, 무응답 0.9%로 나타났다.

〈표 4-1〉 응답자 표본의 특성(N=323)

변수		명	%	변수		명	%
성별	남자	295	91.3	자격	사회복지사	185	57.3
	여자	24	7.4		일반사무직	52	16.1
	무응답	4	1.2		기능직	34	10.5
연령	20대	89	27.6		기타	45	13.9
	30대	136	42.1		무응답	7	2.2
	40대	79	24.5	규모	10명 미만	48	14.9
	50대	12	3.7		30명 미만	153	47.4
	60대 이상	4	1.2		50명 미만	44	13.6
	무응답	3	0.9		100명 미만	1	0.3
학력	고졸	50	15.5		100명 이상	50	15.5
	대졸	219	67.8		무응답	27	8.4
	석사	49	15.2	복지기관 유형	종합복지관	67	20.7
	박사	1	0.3		노인복지관	47	14.6
	무응답	4	1.2		장애인복지관	73	22.6
재직상태	정규직	295	91.3		기타	132	40.9
	계약직	24	7.4		무응답	4	1.2
	무응답	4	1.2	업무유형	행정	41	12.7
근무기간	1년 미만	39	12.1		행정+서비스	153	47.4
	3년 미만	77	23.8		서비스	88	27.2
	5년 미만	55	17.0		기타	38	11.8
	10년 미만	60	18.6		무응답	3	0.9
	10년 이상	77	23.8				
	무응답	15	4.6				

제 2 절 종속변수 및 독립변수에 대한 요인분석

1. 종속변수의 요인분석 결과

1) 종속변수의 신뢰성 검증

신뢰성(reliability)이란 동일한 개념에 대한 측정을 반복했을 때 동일한 전부(측정값)를 얻을 가능성을 말한다. 이는 타당성과 더불어 측정에서 가장 중요한 요소이자 지표(indacator)의 구비요건이다. 그러므로 지표가 신뢰성 있게 측정되었다고 하는 것은 그 자료가 안정되고(stability), 일관성(consistency)이 있으며, 정확(accuracy)해서 믿을 만하고, 나아가 예측 가능성이(predictability) 있음을 말한다.

신뢰성은 비통계적 오차(random error)와 관련된 개념으로 확신할 수 있는 정도를 의미하는 것이며, 어떤 질문에 대하여 일정한 시간을 주고 계획할 경우 비슷한 답변이 나타나야 하는 것을 의미한다.

본 연구에서는 등간적인 5점 척도가 적정하다고 볼 수 있으나 내적 타당성, 즉 측정하고자 하는 바를 측정했는가 하는 문제가 불분명하다는 댄(Dann, 1979)의 주장에 따라 신뢰성을 검증하기 위하여 전체 항목과 구성요소별로 Cronbach's α 계수를 이용하였다. Cronbach's α 계수의 경우 내적 일관성(internal consistency reliability)에 관한 것으로 해당 문항을 가지고 할 수 있는 가능한 모든 신뢰도를 구성하고 이의 평균치를 산출한 것이 계수 값이 되는데, 보통 사회과학 데이터의 경우 α 계수가 0.7이상이 되면 신뢰도가 높다고 볼 수 있다.

(1) 환경에 대한 조직의 유연성

환경에 대한 조직의 유연성 항목의 신뢰도 분석결과 전체 신뢰도를 의미하는 Cronbach's a값이 0.819로 매우 신뢰성 있는 항목으로 분석되었으며, 표준화된 신뢰도 값이 0.828로 문항의 적합성이 검증되었다. 조직효과성 중 환경에 대한 조직의 유연성 항목에 관한 신뢰도 검증 결과는 <표 4-2>와 같다.

〈표 4-2〉 조직효과성 중 환경에 대한 조직의 유연성
측정문항의 신뢰도 분석결과

	측정항목	신뢰도 계수
환경에 대한 조직의 유연성	우리복지관은 환경변화에 민감하다	.792
	우리 복지관은 환경변화에 복지시설 문제해결에 구성원들의 적극참여를 유도한다	.804
	우리 복지관은 발전을 위해 시대변화예측을 한다	.799
	우리 복지관은 환경변화에 탄력적으로 조직을 운영한다	.797
	우리 복지관은 환경변화에 대한 적응력을 갖고 있다	.801
	우리 복지관은 발전을 위한 혁신능력을 지니고 있다	.820
	우리 복지관은 발전을 위한 방향을 제시해 준다	.801
	우리 복지관은 환경변화에 대비하여 자기개발을 자극한다	.801
	우리 복지관은 이용자의 유형에 따른 대처능력을 갖고 있다	.799
	우리 복지관은 잘못된 관행은 바꾸기 위해 노력한다	.817

* 신뢰도 계수(Cronbach α): α=.819
** 표준화된 알파(Standardized item Alpha): α=.828

(2) 직무만족

직무만족 항목의 신뢰도 분석결과 전체 신뢰도를 의미하는 Cron-bach's a값이 0.776으로 매우 신뢰성 있는 항목으로 분석되었으며, 표준화된 신뢰도 값이 0.812로 문항의 적합성이 검증되었다. 조직효과성 중 직무만족 항목에 관한 신뢰도 검증 결과는 <표 4-3>과 같다.

〈표 4-3〉 조직효과성 중 직무만족 측정문항의 신뢰도 분석결과

	측정항목	신뢰도 계수
직무 만족	나의 업무에 흥미를 느끼며 만족한다	.782
	나의 상사에 만족한다	.774
	나는 복지관이 주는 경제적 편익에 만족한다	.764
	복지관은 나에게 상당한 의미가 있다	.775
	다른 직장보다 복지관 업무에 만족한다	.784

* 신뢰도 계수(Cronbach α): α=.776
** 표준화된 알파(Standardized item Alpha): α=.828

2) 종속변수의 타당성 검증

측정의 타당성(validity)이란 실제의 측정변수인 개념의 운영정의(operation definition)가 그것이 의도하고자 한 것을 제대로 표출하는가 하는 것이다. 타당성은 측정하고자 하는 것을 측정하였는가에 대한 문제, 즉 정확성과 관련이 되는 것이므로 체계적인 오차와 비체계적인 오차에 의해서 영향을 받는다고 볼 수 있으나 비체계적인 오차는 신뢰성과 관련이 깊으므로 이를 분리하여 타당성에 관한 부분에서는 일반적으로 체계적인 오차에 대해서만 관심을 둔다.

측정의 타당성은 그 평가방법에 따라 내용 타당성(content validity),

기준에 의한 타당성(criterion-related validity), 개념 타당성(construct validity), 표면적 타당성(face validity), 수렴적 변별적 타당성(convergent and discriminant validity), 종합적 타당성(synthetic validity) 등의 개념으로 나눌 수 있다.

기준에 의한 타당성에는 예측 타당성(predicative validity)이 있으며, 개념적 타당성으로는 집중 타당성(convergent validity), 판별 타당성(discriminant validity) 및 이해 타당성(nomological validity)이 있다.

일반적으로 내용 타당성은 특정한 측정도구의 대표성에 관한 개념이며, 기준에 의한 타당성은 특정변수 간의 통계적인 관계를 규명하는 것이다. 그리고 개념 타당성은 심리학적인 특성의 측정과 관련된 개념으로 측정 자체의 정확성에 관련된 개념이다.

측정치를 구성하고 있는 항목을 측정하려고 하는 변수와 관련된 항목들의 정의역을 대표하는 표본일 경우에 그 측정치는 내용적 타당성을 갖추고 있다고 할 수 있다. 즉 그 측정치가 측정하려고 하는 변수의 정의역 밖의 어떤 다른 항목을 포함하고 있다면 내용적 타당성은 손상을 입게 되는 것이다. 가령 호텔의 서비스 만족에 대한 설문에 시설의 관리상태에 대한 질문이 포함되어 있다면 그 설문은 내용적 타당성을 잃게 되는 것이다. 어떠한 측정의 내용적 타당성을 확보하기 위해서는 대상 항목의 범위를 규정하고 그 측정항목이 대상범위를 대표로 하는 표본으로 구성되도록 추출하여야 한다.

측정치의 구성개념 타당성은 측정하려는 구성개념의 조작적 정의가 적절한가의 여부를 나타내 보임으로써 그 타당성을 입증할 수 있다. 연구자는 연구하고자 하는 구성개념의 조작적 정의, 즉 측정방법을 개발하고 그 측정치가 직접 관찰 가능한 변수와 어떠한 관련성을 지니는가에 대한 가설을 설정해야 한다. 연구자는 또한 연구대상이 되는 구성개념이 다른 구성개념과 어떠한 관련을 가지는가에 대한 명확한 언급이 이루어져야 한다. 그리고 이러한 일련의 과정을 통하여 실증적 연구에서 검증대상이 되고 있는 구성개념의 조작적 정의가 다른 변수들과 가설이 시사하는 방법대로 관련되고 있는가의 여부를 나타내 보이지 않으면 안 된다.

어떤 측정치의 '예측변수'를 이용하여 다른 변수, 즉 '기준변수'를 측정하고자 하는 경우에 기준관련 타당성과 관련된다. 기준관련 타당성은 예측변수와 기준변수의 측정시점에 대하여 세 가지 접근방법이 있다. 하나는 예측변수를 일정 시점에서 측정하고 그 뒤에 기준변수를 측정하는 방법이고 다른 하나의 방법은 예측변수와 기준변수를 같은 시점에서 측정하는 방법이다. 이러한 방법을 공시적 타당성(concurrent validity)이라고 한다. 마지막 방법은 기준변수의 측정이 선행되고 예측변수는 나중에 측정되는 방법이다. 이와 같은 방법이 사후적 타당성(post-dictive calidity)이다.

측정의 타당성의 검증을 위해서는 일반적으로 다속성·다측정 방법(multi-trait multi-method matrix)과 요인분석(factor analysis)을 사용한다. 다속성·다측정 방법은 동일한 개념에 대하여 상이한 방식의 측정결과가 일치된다는 집중타당성과 상이한 방법에 의한 상이한 개념의 측정은 상이해야 한다는 판별 타당성에 의한 것이며, 요인분석은 다수의 변수들로부터 내부적으로 유사하지만 다른 요인과는 구별되는 상호 독립적인 요인들로 묶여지는 요인을 추출함으로써 의도한 개념에 대한 내부적으로는 집중 타당성이면서 외부적으로는 판별 타당성이 적용되는 방법을 말한다.

본 연구에서는 다속성·다측정 방법 선택·활용 시에 발생하는 반대 개념의 정의와 측정법의 탐색에 대한 난점과 시간적·경제적 부담으로 인하여 다속성·다측정 방법을 사용하지 않았고, 변수들의 유사성과 독립성으로 나타나는 요인을 사전에 기획한 요인과 비교함으로써 내용의 타당성을 확보하는 요인분석(factor analysis)을 실시하였다. 이러한 요인분석의 장점은 적은 시간적 노력과 비용적 부담으로도 타당성의 확보가 용이하다는 것을 들 수가 있는데, 반면에 관련분야에 대한 해박한 지식이나 이론적 고찰에 대한 정확한 근거가 제시되어야 한다는 단점도 가지고 있다. 본 연구에서는 이러한 요인분석의 근거로 다수의 선행연구를 토대로 요인을 설정하고 이를 요인분석을 통하여 검증하였다.

본 연구의 요인분석에서는 변수들의 상관관계를 이용하여 본래의 변수들이 갖는 의미를 최대한 보존하면서 보다 적은 합성변수(요인)로 R - Type 요인분석을 적용하였으며, 요인분석의 한 방법인 주성분 분석을 이용하였고, 요인적재량(fator loading)을 높이기 위해서 베리맥스(varimax)를 실시하였다.

이에 따라 사회복지기관의 조직구성원들을 대상으로 조직효과성의 구성요인들을 알아보기 위하여 확인적 요인분석(confirmatory factor analysis: CFA)을 실시하였다. 총 15개 항목을 가지고 요인분석을 한 결과 사회복지기관의 조직구성원들을 대상으로 한 조직효과성에는 환경에 대한 조직의 유연성 1개 요인과 직무만족 1개 요인이 각각 추출되었으며, 각각에 대한 요인들은 아래 <표 4-4>와 같다.

〈표 4-4〉 조직효과성(환경에 대한 조직의 유연성, 직무만족) 요인분석 결과

요 인	항 목	요인 적재량
환경에 대한 조직의 유연성	우리 복지관은 환경변화에 민감하다	.694
	우리 복지관은 환경변화에 복지시설 문제해결에 구성원들의 적 극 참여를 유도한다	.820
	우리 복지관은 발전을 위해 시대변화 예측을 한다	.856
	우리 복지관은 환경변화에 탄력적으로 조직을 운영한다	.854
	우리 복지관은 환경변화에 대한 적응력을 갖고 있다	.860
	우리 복지관은 발전을 위한 혁신능력을 지니고 있다	.848
	우리 복지관은 발전을 위한 방향을 제시해 준다	.845
	우리 복지관은 환경변화에 대비하여 자기개발을 자극한다	.750
	우리 복지관은 이용자의 유형에 따른 대처능력을 갖고 있다	.739
	우리 복지관은 잘못된 관행은 바꾸기 위해 노력한다	.775
직무 만족	나의 업무에 흥미를 느끼며 만족한다	.836
	나의 상사에 만족한다	.795
	나는 복지관이 주는 경제적 편익에 만족한다	.616
	복지관은 나에게 상당한 의미가 있다	.810
	다른 직장보다 복지관 업무에 만족한다	.850

※ Varimax 회전 후, 아이겐 값이 1을 넘는 요인들을 추출하여 추출된 요인별
설명분산의 누적계수는 63.37%임.

Kasier-Meyer-Olkin의 KMO의 통계량은 전체 자료와 개별 자료
의 표본 적합도를 평가하고, Bartlett's Test of Sphericity는 요인분석
에서 이용될 상관 행렬이 단일행렬인지를 평가하고 변수들이 독립적
인지 아닌지를 평가하는 데 사용되는데 본 분석에서 이용된 표본은
단위행렬 검정통계량이 유의수준 p=.001에서 통계적으로 유의한 것
으로 분석되어 요인분석에 적합한 자료로 나타났다. 요인분석 결과
아이겐 값이 2개 요인 모두 1을 넘고 있고, 공통된 분산 값도 60%
를 넘고 있다.

3) 종속변수의 측정

환경에 대한 조직의 유연성에 대한 효과는 응답자들의 인지를 총 10개의 하위지표로 측정하였다. 이들 지표들로 합성되는 변수의 내적 일관성 및 신뢰도를 나타내는 표준화된 변수들의 Cronbach α값은 0.939이었다. 이들 10개 지표들에 대한 요인분석 결과 '환경에 대한 조직의 유연성' 1개의 요인으로 묶여지는 것을 볼 수 있다.

〈표 4-5〉 환경에 대한 조직의 유연성에 관한 요인분석 결과

	요인 1
환경 민감	0.694
참여유도	0.820
변화예측	0.856
탄력적 운영	0.854
적응력	0.860
혁신능력	0.848
비전제시	0.845
자기개발	0.750
대처능력	0.739
제도수정	0.775

또한 직무만족에 대한 효과는 응답자들의 인지를 총 5개의 하위지표로 측정하였다.(Cronbach α값: 0.837) 이들 5개 지표 역시 '직무만족'이라는 하나의 요인으로 묶여지고 있다.

〈표 4-6〉 직무만족에 대한 요인분석 결과

	요인 1
업 무	0.836
상 사	0.795
경제편익	0.616
의미부여_복지관	0.810
조 직	0.850

2. 독립변수의 요인분석 결과

1) 독립변수의 신뢰성 검증(성격유형 및 임파워먼트)

전체 신뢰도를 의미하는 Cronbach's a값이 0.742로 신뢰성 있는 측정항목으로 분석되었으며, 표준화된 신뢰도 값이 0.7188로 문항의 적합성이 검증되었고, 항목 제거 시 a값 또한 전체 신뢰도를 저해하고 있지 않는 것으로 분석되어 각각의 문항에 대한 신뢰성이 검증되었다. 다만 개방성 항목 중 정서와 관련된 항목의 신뢰도를 저해하는 항목으로 나타남에 따라 이를 제거 후 신뢰도 검증을 하였으며, 결과는 <표 4-7>과 같다.

<표 4-7> 성격유형 측정문항의 신뢰도 분석결과

측정항목		신뢰도계수
외향성	온정성	.6879
	사교성	.6804
	긍정성	.6806
	적극성	.6775
	리더십	.7077
호감성	믿음	.7161
	솔직성	.7253
	배려	.6752
	수용성	.6998
	겸손	.6908
유능성	유능	.7171
	조직화능력	.7328
	목표지향성	.7178
	자기통제력	.7175
	책임감	.7191
정서적 안정성	불안	.7501
	분노	.7383
	우울	.7332
	자의식	.7516
	스트레스성 취약성	.7324
개방성	상상력	.7602
	문화	.7423
	경험추구	.6532
	사고의 개방성	.7316

* 신뢰도 계수(Cronbach α): α=.7242
** 표준화된 알파(Standardized item Alpha): α=.7188

전체 신뢰도를 의미하는 Cronbach's a값이 0.905로 신뢰성 있는 측
정항목으로 분석되었으며, 표준화된 신뢰도 값이 0.913으로 문항의 적
합성이 검증되었고, 항목 제거 시 a값 또한 전체 신뢰도를 저해하고
있지 않는 것으로 분석되어 각각의 문항에 대한 신뢰성이 검증되었다.
임파워먼트 항목에 관한 신뢰도 검증 결과는 <표 4-8>과 같다.

〈표 4-8〉 임파워먼트 측정문항의 신뢰도 분석결과

	측정항목	신뢰도계수
의미성	내가 하고 있는 일이 나에게 매우 중요하다	.9020
	내가 하고 있는 일이 나에게는 매우 중요하다	.9036
	나의 일은 자랑스럽다	.9052
능 력	나는 업무 수행하는 데 필요한 역량을 가지고 있다	.9101
	나는 나의 업무를 수행하는 데 자신감을 가지고 있다	.9096
	나의 업무에 필요한 지식을 가지고 있다	.9113
자 기 결 정	나는 업무처리 방법을 스스로 결정할 수 있다	.9028
	나의 업무수행에 독립성과 재량권을 가지고 있다	.9027
	나는 업무진행에 다양한 방법을 선택할 수 있다	.9051
영향력	나는 다른 부서에 도움을 줄 만한 영향력이 있다	.9076
	나는 복지관을 이용하는 고객에 대해 도움을 줄 만한 영향력을 가지고 있다	.9065
	나는 복지관에서 조직운영에 영향력을 가지고 있다	.9051

* 신뢰도 계수(Cronbach α): α=.905
** 표준화된 알파(Standardized item Alpha): α=.913

2) 독립변수의 타당성 검증(성격유형과 임파워먼트)

본 연구에서는 설문문항에서 질의하는 역점문항(reverse)에 대해서는 역코딩을 실시하여 다른 변수와 일반화시켜 분석에 사용하였으며, 요인분석은 공통요인 분석(Common factor analysis)을 이용하였고, 요인추출 방법으로는 카이저(Kaiser, 1974)가 제안한 기준 고유값(Eigenvalue) 1이상, 요인 적재치(factor loading) 0.4이상의 것을 일반적으로 사용한다. 요인적재치의 단순화(simplicity)를 위해서 직각회전 방법 중 배리맥스(varimax) 회전 방식을 실시하고 있다.

사회복지기관의 조직구성원들을 대상으로 성격유형을 알아보기 위하여 확인적 요인분석(confirmatory factor analysis: CFA)을 실시하였다. 총 25개 항목을 가지고 요인분석을 한 결과 사회복지기관의 조직구성원들을 대상으로 한 성격유형은 5개 요인으로 추출되었으며, 각각에 대한 요인들은 아래 <표 4-9>와 같다.

Kasier-Meyer-Olkin의 KMO의 통계량은 전체 자료와 개별 자료의 표본 적합도를 평가하고, Bartlett's Test of Sphericity는 요인분석에서 이용될 상관행렬이 단일행렬인지를 평가하고 변수들이 독립적인지 아닌지를 평가하는 데 사용되는데 본 분석에서 이용된 표본은 단위행렬 검정통계량이 유의수준 $p = .001$에서 통계적으로 유의한 것으로 분석되어 요인분석에 적합한 자료로 나타났다. 요인분석 결과 아이겐 값이 5개 요인 모두 1을 넘고 있고, 공통된 분산 값도 50%를 넘고 있어 사회복지기관의 조직구성원의 성격유형이 5가지로 분류됨을 확인하였다.

〈표 4-9〉 성격유형의 요인분석 결과

요 인	항 목	요인적재량
외향성	온정성	.766
	사교성	.771
	긍정성	.766
	적극성	.779
	리더십	.760
호감성	믿 음	.670
	솔직성	.748
	배 려	.855
	수용성	.733
	겸 손	.648
유능성	유 능	.711
	조직화능력	.790
	목표지향성	.756
	자기통제력	.721
	책임감	.784
정서적 안정성	불 안	.827
	분 노	.778
	우 울	.820
	자의식	.762
	스트레스성 취약성	.748
개방성	상상력	.821
	문 화	.656
	경험추구	.818
	사고의 개방성	.603

※ Varimax 회전 후, 아이겐 값이 1을 넘는 요인들을 추출하여 추출된 요인별 설명분산의 누적 계수는 57.1%임.

사회복지기관의 조직구성원들을 대상으로 임파워먼트를 구성요인들을 알아보기 위하여 확인적 요인분석(confirmatory factor analysis: CFA)을 실시하였다. 총 12개 항목을 가지고 요인분석을 한 결과 사회복지기관의 조직구성원들을 대상으로 한 임파워먼트는 4개 요인으로 추출되었으며, 각각에 대한 요인들은 아래 <표 4-10>과 같다.

Kasier-Meyer-Olkin의 KMO의 통계량은 전체 자료와 개별 자료의 표본 적합도를 평가하고, Bartlett's Test of Sphericity는 요인분석에서 이용될 상관행렬이 단일행렬인지를 평가하고 변수들이 독립적인지 아닌지를 평가하는 데 사용되는데 본 분석에서 이용된 표본은 단위행렬 검정통계량이 유의수준 $p=.001$에서 통계적으로 유의한 것으로 분석되어 요인분석에 적합한 자료로 나타났다. 요인분석 결과 아이겐 값이 4개 요인 모두 1을 넘고 있고, 공통된 분산 값도 75%를 넘고 있다.

<표 4-10> 임파워먼트의 요인분석 결과

요인	항 목	요인적재량
의미성	내가 하고 있는 일이 나에게 매우 중요하다	.908
	내가 호고 있는 일이 나에게는 매우 중요하다	.944
	나의 일은 자랑스럽다	.886
능 력	나는 업무 수행하는 데 필요한 역량을 가지고 있다	.895
	나는 나의 업무를 수행하는 데 자신감을 가지고 있다	.923
	나의 업무에 필요한 지식을 가지고 있다	.869
자기결정	나는 업무처리 방법을 스스로 결정할 수 있다	.864
	나의 업무수행에 독립성과 재량권을 가지고 있다	.914
	나는 업무진행에 다양한 방법을 선택할 수 있다	.880
영향력	나는 다른 부서에 도움을 줄 만한 영향력이 있다	.848
	나는 복지관을 이용하는 고객에 대해 도움을 줄 만한 영향력을 가지고 있다	.870
	나는 복지관에서 조직운영에 영향력을 가지고 있다	.857

※ Varimax 회전 후, 아이겐 값이 1을 넘는 요인들을 추출하여 추출된 요인별 설명분산의 누적계수는 78.97%임.

3) 독립변수의 측정

(1) 성격변수

우선 성격 변수의 경우 총 25개의 하위지표별로 5점 척도(1 '전혀 그렇지 않다' 5 '매우 그렇다')를 사용하여 측정하였다.(Cronbach α 값: 0.800)

이들 25개의 하위지표를 각 변수군(외향성, 호감성, 성실성, 정서 안정성, 개방성)으로 구분하여 요인분석을 실시한 결과 '정서' 변수는 eigen값이 0.489로 제거하고 남은 24개의 변수를 재요인분석한 결과 각 성격 변수군별로 하나의 요인으로 검출이 되어 있는 것을 <표 4-11>에서 볼 수 있을 것이다.

〈표 4-11〉 성격 5요인의 요인분석 결과

외향성	요인 1	호감성	요인 1	유능성	요인 1
온정성	0.766	믿 음	0.670	유 능	0.711
사교성	0.771	솔직성	0.748	조직화능력	0.790
긍정성	0.766	배 려	0.855	목표지향성	0.756
적극성	0.779	수용성	0.733	자기통제력	0.721
리더십	0.760	겸 손	0.648	책임감	0.784

정서안정성	요인 1	개방성	요인 1
불 안	0.827	상상력	0.821
분 노	0.778	문 화	0.656
우 울	0.820	경험추구	0.818
자의식	0.762	사고의개방성	0.609
스트레스취약성	0.748		

(2) 임파워먼트

<표 4-12>에 나타난 12개의 하위지표를 통해 응답자들의 인지를 5점 척도(1 '전혀 그렇지 않다' 5 '매우 그렇다')로 측정하였다.(Cronbach α값: 0.914) 이들 12개의 하위지표들을 각 변수군으로 묶어 요인분석을 실시한 결과 각 변수들은 의미성, 능력, 자기결정, 영향력과 같은 성격을 가진 '임파워먼트' 요인으로 구분되고 있다.

〈표 4-12〉임파워먼트에 대한 요인분석 결과

의미성		능 력	
	요인 1		요인 1
의미부여	0.908	역량보유	0.895
중요성	0.944	자신감	0.923
금 지	0.886	지식	0.869
자기결정		영향력	
	요인 1		요인 1
결정능력	0.864	영향력_동료	0.848
독립재량권	0.914	영향력_고객	0.870
선택권	0.880	영향력_조직	0.857

분석 및 논의

제 5 장

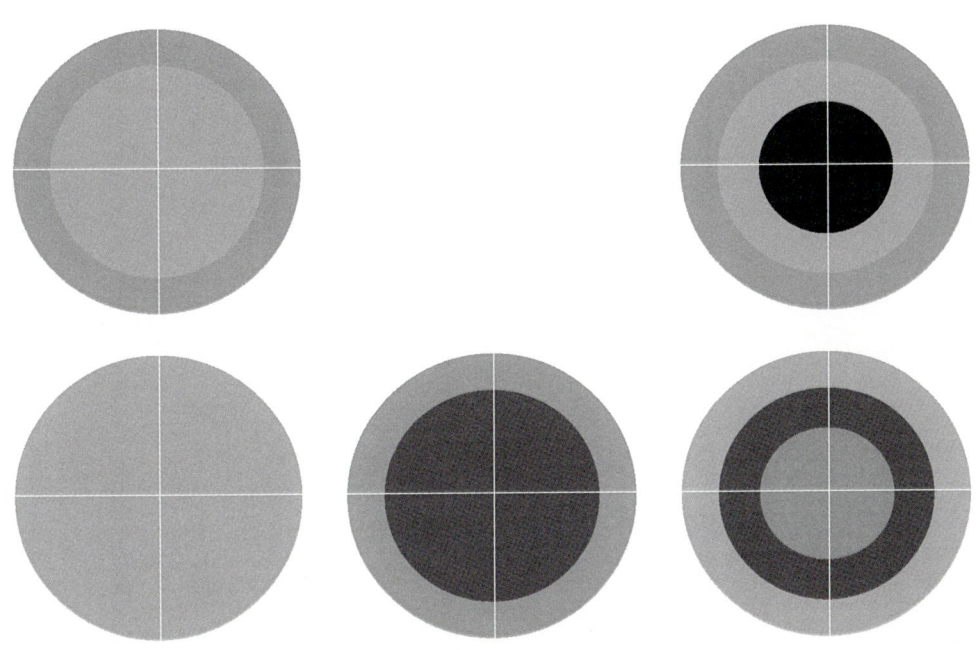

조직효과성에 영향을 미치는 선행변수와 성격유형과 임파워먼트의 결과로 나타나는 결과변수의 관계를 검증하기 위해 본 연구에서는 복지기관 전체, 사회복지사 자격 소유자와 사회복지사 자격 미소지자 그리고 복지기관의 유형(종합복지관, 장애인복지관, 노인복지관, 기타)별 조직구성원을 대상으로 다중회귀분석을 실시하였다.

이는 개별적인 선행변수와 결과변수 간의 관계를 살펴보는 단순회귀분석을 사용했을 때보다 다중회귀분석을 이용하면 단순 회귀분석에 비해 편의를 줄이고 보다 정밀한 인과관계를 밝힐 수 있기 때문이다. 다중회귀분석은 독립변수들을 동시에 투입하는 방식을 이용하였다. 또한 사회복지사 자격 소유자와 사회복지사 자격 미소지자, 그리고 복지기관을 유형별로 분류하여 성격유형과 임파워먼트, 조직효과성 간의 차이가 있는지를 분석하였다.

제 **1** 절 복지기관 전체 분석

경기 북부지역 사회복지기관의 조직구성원 중 설문에 응답한 기관의 전체 구성원을 대상으로 성격유형과 임파워먼트가 조직효과성(직무만족과 환경에 대한 조직의 유연성) 간의 관계를 검증하기 위해 다중회귀분석을 실시하였으며 결과는 아래 표와 같다.

〈표 5-1〉 복지기관 전체 조직구성원의 성격유형과
조직효과성 간의 회귀분석 결과

변수명	환경에 대한 조직의 유연성	직무만족
상수	.978	.972
성격1-외향성	.051	.033*
성격2-호감성	.072	.040*
성격3-유능성	.011*	.124
성격4-정서적 안정성	.005**	.006**
성격5-개방성	.053	.438
N	301	300
F	23.757	18.194
Prob〉F	.000	.000
R^2	.280	.229
Adjusted R^2	.268	.217

유의도: **** $p<.0001$, *** $p<.001$, ** $p<.01$, * $p<.05$

〈표 5 − 2〉 복지기관 전체 조직구성원의 임파워먼트와
조직효과성 간의 회귀분석 결과

변수명	환경에 대한 조직의 유연성	직무만족
상수	.993	.713
임파1 − 의미성	.000****	.000****
임파2 − 능력	.040*	.732
임파3 − 자기결정	.000****	.000****
임파4 − 영향력	.000****	.323
N	301	300
F	57.716	78.601
Prob〉F	.000	.000
R^2	.428	.505
Adjusted R^2	.421	.499

유의도: **** $p<.0001$, *** $p<.001$, ** $p<.01$, * $p<.05$

위의 <표 5 − 1>과 <표 5 − 2>에 의하면, 복지기관 조직구성원 전체를 대상으로 독립변수를 성격유형 및 임파워먼트로 그리고 종속변수를 환경에 대한 조직의 유연성과 직무만족으로 하여 다중회귀분석을 실시한 결과이다.

첫째, 독립변수를 성격유형으로 종속변수를 환경에 대한 조직의 유연성으로 하여 다중회귀분석을 통한 검정결과를 분석해 보면 다음과 같다.

회귀모형 F값이 $p=0.000$에서 23.757을 보이고 있어 유의도 0.000%에서 통계적으로 유의한 것으로 나타났다. R2는 0.280으로 나타나 28.0%의 설명력을 보이고 있다. 또한 회귀식에 투입된 변수들의 회귀계수에 대한 t − 검정결과 성격4 − 정서적 안정성이 유의도 0.01의 수준에서 성격3 − 유능성이 0.05 수준에서 통계적으로 유의한 것으로 나타났다. 하지만 성격1 − 외향성, 성격2 − 호감성, 성격5 − 개방성은 영향력이 미미하여 통계적으로 유의수준을 달성하지 못하고 있다.

둘째, 임파워먼트를 독립변수로 환경에 대한 조직의 유연성을 종속변수로 채택하여 다중회귀분석을 통한 검정결과 회귀모형 F값이 p=0.000에서 57.716을 보이고 있어 유의도 0.000%에서 통계적으로 유의한 것으로 나타났다. R2는 0.428로 나타나 42.8%의 설명력을 보이고 있다. 그리고 회귀식에 투입된 변수들의 회귀계수에 대한 t-검정결과 임파1-의미성이 임파3-자기결정, 임파4-영향력은 유의도 0.0001의 수준에서 임파2-능력은 0.05의 수준에서 통계적으로 유의한 것으로 나타났다.

셋째, 독립변수를 성격유형으로 종속변수를 직무만족으로 하여 다중회귀분석을 통한 검정결과, 회귀모형 F값이 p=0.000에서 18.194를 보이고 있어 유의도 0.000%에서 통계적으로 유의한 것으로 나타났다. R2는 0.229로 나타나 22.9%의 설명력을 보이고 있다. 또한 회귀식에 투입된 변수들의 회귀계수에 대한 t-검정결과, 성격4-정서불안은 0.01수준에서 성격1-외향성과 성격-2호감성이 0.05의 수준에서 통계적으로 유의한 것으로 나타났다. 하지만 성격3-유능성, 성격5-개방성은 영향력이 미미하여 통계적으로 유의수준을 달성하지 못하고 있다.

넷째, 임파워먼트를 독립변수로 직무만족을 종속변수로 하여 다중회귀분석을 통한 검정결과, 회귀모형 F값이 p=0.000에서 78.601을 보이고 있어 유의도 0.000%에서 통계적으로 유의한 것으로 나타났다. R2는 0.505로 나타나 50.5%의 설명력을 보이고 있다. 그리고 회귀식에 투입된 변수들의 회귀계수에 대한 t-검정결과 임파1-의미성, 임파3-자기결정이 0.0001수준에서 통계적으로 유의한 것으로 확인되었다. 그러나 임파2-능력, 임파4-영향력은 통계적으로 영향력이 미미하여 유의수준을 달성하지 못하고 있다.

결국 성격유형과 환경에 대한 조직의 유연성 관계에서는 정서적 안정성과 유능성이 영향을 미치는 것으로 나타났으며, 임파워먼트와 환경에 대한 조직의 유연성의 경우에는 모든 지표가 유의한 것으로 나타났다. 또한 성격유형과 직무만족과의 관계는 외향성과 호감성이 영향을 미치는 것으로 분석되었으며, 임파워먼트와 직무만족의 관계는 의미성과 자기결정력이 관계가 있는 것으로 분석되었다.

이러한 결과가 나타난 이유는 성격유형 중 환경에 대한 조직의 유연성을 보여 주는 가장 근접한 성격유형이 정서적 안정성과 유능성일 것이며, 직무만족의 경우 사회복지기관의 특성상 개인 대 개인을 상대하는 것으로 인해 외향성과 호감성의 성격유형을 가진 구성원이 더 만족하는 것으로 논의할 수 있다.

따라서 본 분석결과는 향후 사회복지기관에서 근무하는 사회복지 조직구성원의 경우 환경적 안정과 함께 능력발휘를 위한 기회를 주는 것이 중요할 것이며, 직무만족을 높이기 위해서는 외향성과 호감성을 키울 수 있는 대인관계의 형성과 함께 임파워먼트를 높이기 위한 의미 부여와 함께 사회복지 조직구성원의 고유한 재량권에 대한 행사가 있어야 할 것으로 판단된다.

제 2 절 복지기관 유형별 분석

사회복지기관 내 근무하는 조직구성원의 성격유형 및 임파워먼트와 조직효과성(직무만족과 환경에 대한 조직의 유연성) 간의 관계를 파악하기 위해 사회복지기관을 종합복지관, 노인복지관, 장애인복지관 그 외 기타기관으로 구분하여 다중회귀분석을 실시하였다.

1. 종합복지관

⟨표 5-3⟩ 종합복지관 조직구성원의 성격유형과
조직효과성 간의 회귀분석 결과

변수명	환경에 대한 조직의 유연성	직무만족
(상수)	.439	.616
성격1-외향성	.408	.962
성격2-호감성	.402	.840
성격3-유능성	.031*	.084
성격4-정서적 안정성	.000***	.001***
성격5-개방성	.838	.984
N	67	67
F	11.237	8.806
Prob⟩F	.000	.000
R²	.496	.436
Adjusted R²	.452	.386

유의도: **** p<.0001, *** p<.001, ** p<.01, * p<.05

〈표 5-4〉 종합복지관 조직구성원의 임파워먼트와 조직효과성 간의
회귀분석 결과

변수명	환경에 대한 조직의 유연성	직무만족
(상수)	.973	.651
임파1-의미성	.007**	.000***
임파2-능력	.233	.982
임파3-자기결정	.000***	.037
임파4-영향력	.523	.603
N	67	67
F	17.273	18.700
Prob〉F	.000	.000
R^2	.539	.559
Adjusted R^2	.508	.529

유의도: **** p<.0001, *** p<.001, ** p<.01, * p<.05

복지기관에 따라 독립변수를 성격유형과 임파워먼트로 그리고 종속변수를 환경에 대한 조직의 유연성과 직무만족으로 하여 다중회귀분석을 통한 검정결과를 확인할 수 있다.

종합복지관의 경우 첫째, 독립변수를 성격유형으로 종속변수를 환경에 대한 조직의 유연성으로 하여 다중회귀분석을 통한 검정결과를 살펴보면 다음과 같다.

회귀모형 F값이 p=0.000에서 11.237을 보이고 있어 유의도 0.000%에서 통계적으로 유의한 것으로 나타났다. R2는 0.496으로 나타나 49.7%의 설명력을 보이고 있다. 또한 회귀식에 투입된 변수들의 회귀계수에 대한 t-검정결과 성격4-정서적 안정성이 유의도 0.001의 수준에서 성격3-유능성이 0.05수준에서 통계적으로 유의한 것으로 나타났다. 하지만 성격1-외향성, 성격2-호감성, 성격5-개방성은 영향력이 미미하여 통계적으로 유의수준을 달성하지 못하고 있다.

둘째, 임파워먼트를 독립변수로 하여 다중회귀분석을 통한 검정결

과 회귀모형 F값이 p=0.000에서 17.273을 보이고 있어 유의도 0.000%에서 통계적으로 유의한 것으로 나타났다. R2는 0.539로 나타나 53.9%의 설명력을 보이고 있다. 그리고 회귀식에 투입된 변수들의 회귀계수에 대한 t－검정결과 임파3－자기결정이 유의도 0.001의 수준에서 임파1－의미성이 유의도 0.01의 수준에서 통계적으로 유의한 것으로 나타났다. 하지만 임파2－능력, 임파4－영향력은 통계적으로 영향력이 미미하여 통계적 유의수준을 달성하지 못하고 있다.

셋째, 독립변수를 성격유형으로 종속변수를 직무만족으로 하여 다중회귀분석을 통한 검정결과 회귀모형 F값이 p=0.000에서 6.956을 보이고 있어 유의도 0.000%에서 통계적으로 유의한 것으로 나타났다. R2는 0.219로 나타나 21.9%의 설명력을 보이고 있다. 또한 회귀식에 투입된 변수들의 회귀계수에 대한 t－검정결과 성격4－정서적 안정성이 유의도 0.001의 수준에서 통계적으로 유의한 것으로 나타났다. 하지만 성격1－외향성, 성격2－호감성, 성격3－유능성, 성격5－개방성은 영향력이 미미하여 통계적으로 유의수준을 달성하지 못하고 있다.

넷째, 임파워먼트를 독립변수로 하여 다중회귀분석을 통한 검정결과 회귀모형 F값이 p=0.000에서 27.713을 보이고 있어 유의도 0.000%에서 통계적으로 유의한 것으로 나타났다. R2는 0.425로 나타나 42.5%의 설명력을 보이고 있다. 그리고 회귀식에 투입된 변수들의 회귀계수에 대한 t－검정결과 임파1－의미성이 0.000수준에서, 임파2－능력은 0.05수준에서 임파3－자기결정은 0.05수준에서 마지막으로 임파4－영향력은 0.001수준에서 통계적으로 유의한 것으로 나타났다.

2. 노인복지관

〈표 5 - 5〉 노인복지관 조직구성원의 성격유형과
조직효과성 간의 회귀분석 결과

변수명	환경에 대한 조직의 유연성	직무만족
(상수)	.421	.388
성격1-외향성	.814	.355
성격2-호감성	.010**	.103
성격3-유능성	.066	.765
성격4-정서적 안정성	.174	.987
성격5-개방성	.206	.378
N	47	47
F	5.555	2.044
Prob〉F	.001	.094
R^2	.416	.208
Adjusted R^2	.314	.106

유의도: **** p<.0001, *** p<.001, ** p<.01, * p<.05

〈표 5 - 6〉 노인복지관 조직구성원의 임파워먼트와
조직효과성 간의 회귀분석 결과

변수명	환경에 대한 조직의 유연성	직무만족
(상수)	.845	.095
임파1-의미성	.182	.012
임파2-능력	.195	.624
임파3-자기결정	.809	.044
임파4-영향력	.020*	.940
N	47	47
F	6.373	7.742
Prob〉F	.000	.000
R^2	.378	.424
Adjusted R^2	.318	.370

유의도: **** p<.0001, *** p<.001, ** p<.01, * p<.05

노인복지관의 경우 첫째, 독립변수를 성격유형으로 종속변수를 환경에 대한 조직의 유연성으로 하여 다중회귀분석을 통한 검정결과를 살펴보면 다음과 같다.

회귀모형 F값이 p=0.001에서 5,555를 보이고 있어 유의도 0.001%에서 통계적으로 유의한 것으로 나타났다. R2는 0.416으로 나타나 41.6%의 설명력을 보이고 있다. 또한 회귀식에 투입된 변수들의 회귀계수에 대한 t-검정결과 성격2-호감성이 유의도 0.01의 수준에서 통계적으로 유의한 것으로 나타났다. 하지만 성격1-외향성, 성격3-유능성, 성격4-정서적 안정성, 성격5-개방성은 영향력이 미미하여 통계적으로 유의수준을 달성하지 못하고 있다.

둘째, 임파워먼트를 독립변수로 하여 다중회귀분석을 통한 검정결과 회귀모형 F값이 p=0.000에서 6.373을 보이고 있어 유의도 0.000%에서 통계적으로 유의한 것으로 나타났다. R2는 0.378로 나타나 37.8%의 설명력을 보이고 있다. 그리고 회귀식에 투입된 변수들의 회귀계수에 대한 t-검정결과 임파4-영향력이 유의도 0.05의 수준에서 통계적으로 유의한 것으로 나타났다. 그러나 임파1-의미성, 임파2-능력, 임파3-자기결정은 통계적으로 영향력이 미미하여 통계적 유의수준을 달성하지 못하고 있다.

셋째, 독립변수를 성격유형으로 종속변수를 직무만족으로 하여 다중회귀분석을 통한 검정결과 회귀모형 F값이 p=0.094에서 2.044를 보이고 있어 유의도 0.094%에서 통계적으로 유의한 것으로 나타났다. R2는 0.208로 나타나 20.8%의 설명력을 보이고 있다. 또한 회귀식에 투입된 변수들의 회귀계수에 대한 t-검정결과 독립변수인 5개의 성격유형 모두 통계적으로 영향력이 미미하여 통계적 유의수준을 달성하지 못하고 있다.

넷째, 임파워먼트를 독립변수로 종속변수를 직무만족으로 하여 다중회귀분석을 통한 검정결과 회귀모형 F값이 p=0.000에서 7.742를 보이고 있어 유의도 0.000%에서 통계적으로 유의한 것으로 나타났다. R2는 0.424로 나타나 42.4%의 설명력을 보이고 있다. 그리고 회귀식에 투입된 변수들의 회귀계수에 대한 t-검정결과 임파1-의미성과 임파3-자기결정이 0.05수준에서 통계적으로 유의한 것으로 나타났다. 그러나 임파2-능력, 임파4-영향력은 통계적으로 영향력이 미미하여 통계적 유의수준을 달성하지 못하고 있다.

3. 장애인복지관

〈표 5-7〉 장애인복지관 조직구성원의 성격유형과 조직효과성 간의 회귀분석 결과

변수명	환경에 대한 조직의 유연성	직무만족
(상수)	.743	.168
성격1-외향성	.378	.283
성격2-호감성	.238	.013*
성격3-유능성	.089	.036*
성격4-정서적 안정성	.737	.942
성격5-개방성	.976	.707
N	73	73
F	5.750	4.667
Prob⟩F	.000	.001
R^2	.307	.267
Adjusted R^2	.253	.210

유의도: **** p<.0001, *** p<.001, ** p<.01, * p<.05

〈표 5-8〉 장애인복지관 조직구성원의 임파워먼트와
조직효과성 간의 회귀분석 결과

변수명	환경에 대한 조직의 유연성	직무만족
(상수)	.259	.364
임파1-의미성	.000***	.000***
임파2-능력	.041*	.157
임파3-자기결정	.588	.375
임파4-영향력	.001***	.639
N	73	73
F	19.752	18.370
Prob〉F	.000	.000
R^2	.545	.527
Adjusted R^2	.517	.498

유의도: **** p<.0001, *** p<.001, ** p<.01, * p<.05

장애인복지관의 경우 첫째, 독립변수를 성격유형으로 종속변수를 환경에 대한 조직의 유연성으로 하여 다중회귀분석을 통한 검정결과를 살펴보면 다음과 같다.

회귀모형 F값이 p=0.000에서 5,750을 보이고 있어 유의도 0.000%에서 통계적으로 유의한 것으로 나타났다. R2는 0.307로 나타나 30.7%의 설명력을 보이고 있다. 또한 회귀식에 투입된 변수들의 회귀계수에 대한 t-검정결과 성격1-외형성, 성격2-호감성, 성격3-유능성, 성격4-정서적 안정성, 성격5-개방성은 영향력이 미미하여 통계적으로 유의수준을 달성하지 못하고 있다. 즉 장애인복지관의 조직구성원의 성격유형은 환경에 대한 조직의 유연성에 미치는 영향력이 통계적으로 무의미한 것으로 나타났다.

둘째, 임파워먼트를 독립변수로 하여 다중회귀분석을 통한 검정결과 회귀모형 F값이 p=0.000에서 19.752를 보이고 있어 유의도 0.000%에서 통계적으로 유의한 것으로 나타났다. R2는 0.545로 나타나

54.5%의 설명력을 보이고 있다. 그리고 회귀식에 투입된 변수들의 회귀계수에 대한 t-검정결과 임파1-의미성이 0.0001의 유의수준에서 영향력을 보이고 있으며, 임파4-영향력이 유의도 0.01의 수준에서, 임파2-능력이 0.05의 유의수준에서 통계적으로 유의한 것으로 나타났다. 그러나 임파3-자기결정은 통계적으로 영향력이 미미하여 통계적 유의수준을 달성하지 못하고 있다.

  셋째, 독립변수를 성격유형으로 종속변수를 직무만족으로 하여 다중회귀분석을 통한 검정결과 회귀모형 F값이 p=0.001에서 4.667을 보이고 있어 유의도 0.001%에서 통계적으로 유의한 것으로 나타났다. R2는 0.267로 나타나 26.7%의 설명력을 보이고 있다. 또한 회귀식에 투입된 변수들의 회귀계수에 대한 t-검정결과 독립변수인 5개의 성격유형들 중 성격2-호감성과 성격3-유능성이 유의수준 0.05에서 통계적으로 유의미한 것으로 나타났다. 그러나 성격1-외향성, 성격4-정서적 안전성, 성격5-개방성은 영향력이 미미하여 통계적 유의수준을 달성하지 못하고 있다.

  넷째, 임파워먼트를 독립변수로 종속변수를 직무만족으로 하여 다중회귀분석을 통한 검정결과 회귀모형 F값이 p=0.000에서 18.370을 보이고 있어 유의도 0.000%에서 통계적으로 유의한 것으로 나타났다. R2는 0.527로 나타나 52.7%의 설명력을 보이고 있다. 그리고 회귀식에 투입된 변수들의 회귀계수에 대한 t-검정결과 임파1-의미성이 유의도 0.001의 수준에서 통계적으로 유의한 것으로 나타났다. 그러나 임파2-능력, 임파3-자기결정, 임파4-영향력은 통계적으로 영향력이 미미하여 통계적 유의수준을 달성하지 못하고 있다.

4. 기타기관

<표 5-9> 기타기관 조직구성원의 성격유형과 조직효과성 간의 회귀분석 결과

변수명	환경에 대한 조직의 유연성	직무만족
(상수)	.854	.488
성격1-외향성	.105	.006**
성격2-호감성	.512	.275
성격3-유능성	.679	.519
성격4-정서적 안정성	.100	.085
성격5-개방성	.049*	.169
N	132	132
F	6.956	9.030
Prob〉F	.000	.000
R^2	.219	.267
Adjusted R^2	.188	.237

유의도: **** $p<.0001$, *** $p<.001$, ** $p<.01$, * $p<.05$

<표 5-10> 기타기관 조직구성원의 임파워먼트와 조직효과성 간의
회귀분석 결과

변수명	환경에 대한 조직의 유연성	직무만족
(상수)	.536	.576
임파1-의미성	.000***	.000***
임파2-능력	.015	.508
임파3-자기결정	.009**	.106
임파4-영향력	.001***	.102
N	132	132
F	22.713	30.845
Prob〉F	.000	.000
R^2	.425	.501
Adjusted R^2	.406	.485

유의도: **** $p<.0001$, *** $p<.001$, ** $p<.01$, * $p<.05$

기타기관의 경우 첫째, 독립변수를 성격유형으로 종속변수를 환경에 대한 조직의 유연성으로 하여 다중회귀분석을 통한 검정결과를 살펴보면 다음과 같다.

회귀모형 F값이 p=0.000에서 6.956을 보이고 있어 유의도 0.000%에서 통계적으로 유의한 것으로 나타났다. R2는 0.219로 나타나 21.9%의 설명력을 보이고 있다. 또한 회귀식에 투입된 변수들의 회귀계수에 대한 t-검정결과 성격5-개방성이 0.005의 유의수준에서 통계적으로 유의한 것으로 나타났다. 그러나 성격1-외향성, 성격2-호감성, 성격3-유능성, 성격4-정서적 안정성은 영향력이 미미하여 통계적으로 유의수준을 달성하지 못하고 있다.

둘째, 임파워먼트를 독립변수로 하여 다중회귀분석을 통한 검정결과 회귀모형 F값이 p=0.000에서 22.713을 보이고 있어 유의도 0.000%에서 통계적으로 유의한 것으로 나타났다. R2는 0.425로 나타나 42.5%의 설명력을 보이고 있다. 그리고 회귀식에 투입된 변수들의 회귀계수에 대한 t-검정결과 임파1-의미성이 0.0001의 유의수준에서, 임파4-영향력이 유의수준 0.001에서, 임파3-자기결정이 유의수준 0.01에서 통계적으로 유의한 것으로 나타났다. 그러나 임파2-능력은 영향력이 미미하여 통계적으로 유의수준을 달성하지 못하고 있다.

셋째, 독립변수를 성격유형으로 종속변수를 직무만족으로 하여 다중회귀분석을 통한 검정결과 회귀모형 F값이 p=0.000에서 9.030을 보이고 있어 유의도 0.000%에서 통계적으로 유의한 것으로 나타났다. R2는 0.267로 나타나 26.7%의 설명력을 보이고 있다. 또한 회귀식에 투입된 변수들의 회귀계수에 대한 t-검정결과 성격1-외향성이 0.001의 유의수준에서 통계적으로 유의미한 것으로 나타났다. 그러나 성격2-호감성, 성격3-유능성, 성격4-정서적 안전성, 성격5-개방성은 영향력이 미미하여 통계적 유의수준을 달성하지 못하고 있다.

넷째, 임파워먼트를 독립변수로 종속변수를 직무만족으로 하여 다중회귀분석을 통한 검정결과 회귀모형 F값이 p＝0.000에서 30.845를 보이고 있어 유의도 0.000%에서 통계적으로 유의한 것으로 나타났다. R2는 0.501로 나타나 50.1%의 설명력을 보이고 있다. 그리고 회귀식에 투입된 변수들의 회귀계수에 대한 t－검정결과 임파1－의미성이 유의도 0.0001의 수준에서 통계적으로 유의한 것으로 나타났다. 그러나 임파2－능력, 임파3－자기결정, 임파4－영향력은 통계적으로 영향력이 미미하여 통계적 유의수준을 달성하지 못하고 있다.

5. 종합적 논의

복지기관 유형별 조직구성원의 성격유형, 임파워먼트 그리고 조직효과성을 분석한 결과 종합복지관의 경우 성격유형과 환경에 대한 조직의 유연성 관계에서는 정서적 안정성과 유능성이 영향을 미치는 것으로 나타났으며, 임파워먼트와 환경에 대한 조직의 유연성의 경우에는 자기결정력과 의미성이 유의한 것으로 나타났다. 또한 성격유형과 직무만족과의 관계는 정서적 안정성이 영향을 미치는 것으로 분석되었으며, 임파워먼트와 직무만족의 관계는 임파워먼트 전체가 의미가 있는 것으로 분석되었다. 따라서 종합복지관에서 근무하는 사회복지 조직구성원의 경우 일상생활의 안정을 위한 노력을 기울여야 할 것이며, 직무만족을 높이기 위해서는 정서적 안정과 함께 동기부여의 부분이 보충되어야 할 것이다.

노인복지관은 종합복지관과는 달리 성격유형과 환경에 대한 조직의 유연성 관계에서는 호감성이 영향을 미치는 것으로 나타났으며, 임파워먼트와 환경에 대한 조직의 유연성의 경우에는 영향력이 유의한 것으로 나타났다. 또한 성격유형과 직무만족과의 관계는 통계적으로 무의미하였으며, 임파워먼트와 직무만족의 관계는 의미성과 자기결정력이 의미가 있는 것으로 분석되었다. 따라서 노인복지관에서 근무하는 사회복지 조직구성원의 경우 대인관계와 애정에 관한 영향이 높은 것으로 분석되어 대인관계의 확립과 애정에 노력을 기울여야 할 것이며, 자기 자신의 일에 의미를 부여하고 자기결정을 할 수 있는 재량권을 확보하는 것이 임파워먼트를 높이고 조직효과성을 높이는 계기가 될 수 있을 것이다.

장애인복지관은 성격유형과 환경에 대한 조직의 유연성 관계에서는 통계적으로 무의미한 것으로 나타났으며, 임파워먼트와 환경에 대한 조직의 유연성의 경우에는 의미성과 영향력, 능력이 유의한 것으로 나타났다. 또한 성격유형과 직무만족과의 관계는 호감성과 유능성이 분석되었으며, 임파워먼트와 직무만족의 관계는 의미성이 영향이 있는 것으로 분석되었다. 따라서 장애인복지관에서 근무하는 사회복지 조직구성원의 경우 임파워먼트에 대한 의미부여가 중요할 것으로 판단되며, 호감성과 유능성을 가질 수 있도록 계속적으로 배려하고 신중하게 그리고 질서정연하게 문제를 해결할 수 있도록 함으로써 조직효과성을 신장시킬 수 있을 것이다.

기타 복지관은 성격유형과 환경에 대한 조직의 유연성 관계에서는 개방성이 영향이 있는 것으로 나타났으며, 임파워먼트와 환경에 대한 조직의 유연성의 경우에는 의미성과 영향력, 자기결정력이 유의한 것으로 나타났다. 또한 성격유형과 직무만족과의 관계는 외향성이 분석되었으며, 임파워먼트와 직무만족의 관계는 의미성이 영향이 있는 것으로 분석되었다. 기타 복지관은 폐쇄적 환경이 아닌 개방적 환경에서 근무하도록 하는 것이 중요하며, 상상력을 발휘할 수 있는 복지관의 여건변화가 이루어져야 할 것이다. 또한 외부의 자극과 쾌활함을 통해 임파워먼트를 높이고 조직효과성을 높이도록 개선해 나가야 할 것이다.

결국 각 복지기관별로 차이 있는 결과가 분석된 이유는 전체적인 복지기관의 특성과 복지기관 특성에 따른 근무자가 그 원인이라 할 수 있을 것이다. 우선 종합복지관의 경우 실제 복지수혜자와 마주치는 업무 이외에도 다른 영역의 업무가 많음으로 인해 조직구성원들의 환경에 대한 조직의 유연성에서 정서적 안정성과 유능성으로 조사되었으며, 노인복지관과 장애인복지관의 경우는 개인 대 개인의 업무가 많음으로 인해 호감성이 통계적으로 의미가 있는 것으로 나타났다. 또한 기타 복지관은 여러 다른 환경들로 구성된 특징으로 인해 환경에 대한 조직의 유연성을 확보하기 위해서는 개방성의 성격유형이 가장 많이 나타난 것으로 분석되었다.

또한 직무만족과 임파워먼트도 복지기관의 특성과 밀접한 관련을 맺고 있는 것으로 이러한 차이의 원인은 복지기관의 특성과 그 특성에 따른 조직구성원의 조직적응의 결과라 할 수 있을 것이다.

제 3 절 사회복지사 자격소지 유무 분석

경기 북부지역 사회복지기관의 조직구성원 중 설문에 응답한 전체를 대상으로 자격증 소지자와 미소지자로 구분하여 성격유형 및 임파워먼트와 조직효과성(직무만족과 환경에 대한 조직의 유연성) 간의 관계를 검증하기 위해 다중회귀분석을 실시하였으며 우선 자격증 소지자의 결과는 아래 표와 같다.

1. 자격소지자

〈표 5-11〉 사회복지사 자격소지자 집단의 성격유형과
조직효과성 간의 회귀분석 결과

변수명	환경에 대한 조직의 유연성	직무만족
상수	.504	.029*
성격1-외향성	.019*	.036*
성격2-호감성	.474	.703
성격3-유능성	.181	.031*
성격4-정서적 안정성	.001***	.515
성격5-개방성	.312	.585

변수명	환경에 대한 조직의 유연성	직무만족
N	131	131
F	15.364	7.399
Prob〉F	.000	.000
R^2	.388	.234
Adjusted R^2	.363	.203

유의도: **** p<.0001, *** p<.001, ** p<.01, * p<.05

〈표 5-12〉 사회복지사 자격소지자 집단의 임파워먼트와
조직효과성 간의 회귀분석 결과

변수명	환경에 대한 조직의 유연성	직무만족
상수	.566	.181
임파1-의미성	.000****	.000***
임파2-능력	.780	.186
임파3-자기결정	.077	.161
임파4-영향력	.018*	.432
N	131	131
F	21.624	25.432
Prob〉F	.000	.000
R^2	.413	.453
Adjusted R^2	.394	.435

유의도: **** p<.0001, *** p<.001, ** p<.01, * p<.05

위의 <표 5-11>과 <표 5-12>에 의하면, 복지기관 조직구성원들 중 자격소지자를 대상으로 독립변수를 성격유형 및 임파워먼트로 그리고 종속변수를 환경에 대한 조직의 유연성과 직무만족으로 하여 다중회귀분석을 실시한 결과이다.

자격소지자의 경우 첫째, 독립변수를 성격유형으로 종속변수를 환경에 대한 조직의 유연성으로 하여 다중회귀분석을 통한 검정결과를

살펴보면 다음과 같다.

회귀모형 F값이 p=0.000에서 15.364를 보이고 있어 유의도 0.000%에서 통계적으로 유의한 것으로 나타났다. R2는 0.388로 나타나 38.8%의 설명력을 보이고 있다. 또한 회귀식에 투입된 변수들의 회귀계수에 대한 t-검정결과 성격4-정서적 안정성이 유의도 0.001의 수준에서 성격1-외향성이 0.05수준에서 통계적으로 유의한 것으로 나타났다. 하지만 성격2-호감성, 성격3-유능성, 성격5-개방성은 영향력이 미미하여 통계적으로 유의수준을 달성하지 못하고 있다.

둘째, 임파워먼트를 독립변수로 환경에 대한 조직의 유연성을 종속변수로 채택하여 다중회귀분석을 통한 검정결과 회귀모형 F값이 p=0.000에서 21.624를 보이고 있어 유의도 0.000%에서 통계적으로 유의한 것으로 나타났다. R2는 0.413으로 나타나 41.3%의 설명력을 보이고 있다. 그리고 회귀식에 투입된 변수들의 회귀계수에 대한 t-검정결과 임파1-의미성이 유의도 0.0001의 수준에서 임파4-영향력은 0.05의 수준에서 통계적으로 유의한 것으로 나타났다. 하지만 임파2-능력, 임파3-자기결정은 통계적으로 영향력이 미미하여 통계적 유의수준을 달성하지 못하고 있다.

셋째, 독립변수를 성격유형으로 종속변수를 직무만족으로 하여 다중회귀분석을 통한 검정결과 회귀모형 F값이 p=0.000에서 7.399를 보이고 있어 유의도 0.000%에서 통계적으로 유의한 것으로 나타났다. R2는 0.234로 나타나 23.4%의 설명력을 보이고 있다. 또한 회귀식에 투입된 변수들의 회귀계수에 대한 t-검정결과 성격1-외향성과 성격3-유능성이 0.05의 수준에서 통계적으로 유의한 것으로 나타났다. 하지만 성격2-호감성, 성격4-정서불안, 성격5-개방성은 영향력이 미미하여 통계적으로 유의수준을 달성하지 못하고 있다.

넷째, 임파워먼트를 독립변수로 하여 다중회귀분석을 통한 검정결

과 회귀모형 F값이 p＝0.000에서 25.432를 보이고 있어 유의도 0.000%
에서 통계적으로 유의한 것으로 나타났다. R2는 0.453으로 나타나
45.3%의 설명력을 보이고 있다. 그리고 회귀식에 투입된 변수들의
회귀계수에 대한 t－검정결과 임파1－의미성이 0.000수준에서 통계
적으로 유의한 것으로 확인되었다. 그러나 임파2－능력, 임파3－자기
결정, 임파4－영향력은 통계적으로 영향력이 미미하여 유의수준을
달성하지 못하고 있다.

2. 자격 미소지자

〈표 5－13〉 사회복지사 자격 미소지자 집단의 성격유형과
조직효과성 간의 회귀분석 결과

변수명	환경에 대한 조직의 유연성	직무만족
상수	.552	.104
성격1－외향성	.488	.240
성격2－호감성	.029*	.006**
성격3－유능성	.092	.749
성격4－정서적 안정성	.473	.016*
성격5－개방성	.043*	.160
N	192	192
F	9.799	10.455
Prob〉F	.000	.000
R^2	.215	.226
Adjusted R^2	.193	.204

유의도: **** p<.0001, *** p<.001, ** p<.01, * p<.05

〈표 5-14〉 사회복지사 자격 미소지자 집단의 임파워먼트와 조직효과성
간의 회귀분석 결과

변수명	환경에 대한 조직의 유연성	직무만족
상수	.797	.251
임파1-의미성	.000***	.000***
임파2-능력	.004**	.097
임파3-자기결정	.000***	.000***
임파4-영향력	.000***	.755
N	192	192
F	35.348	52.757
Prob〉F	.000	.000
R^2	.440	.540
Adjusted R^2	.427	.529

유의도: **** p<.0001, *** p<.001, ** p<.01, * p<.05

자격 미소지자의 경우 첫째, 독립변수를 성격유형으로 종속변수를
환경에 대한 조직의 유연성으로 하여 다중회귀분석을 통한 검정결과
를 살펴보면 다음과 같다.

회귀모형 F값이 p=0.000에서 9.799를 보이고 있어 유의도 0.000%
에서 통계적으로 유의한 것으로 나타났다. R2는 0.215로 나타나
21.5%의 설명력을 보이고 있다. 또한 회귀식에 투입된 변수들의 회
귀계수에 대한 t-검정결과 성격2-호감성이 0.05수준에서 통계적으
로 유의한 것으로 나타났다. 하지만 성격1-외향성, 성격3-성실성,
성격4-영향력, 성격5-개방성은 영향력이 미미하여 통계적으로 유
의수준을 달성하지 못하고 있다.

둘째, 임파워먼트를 독립변수로 환경에 대한 조직의 유연성을 종
속변수로 채택하여 다중회귀분석을 통한 검정결과 회귀모형 F값이
p=0.000에서 35.348을 보이고 있어 유의도 0.000%에서 통계적으로

유의한 것으로 나타났다. R2는 0.440으로 나타나 44.0%의 설명력을 보이고 있다. 그리고 회귀식에 투입된 변수들의 회귀계수에 대한 t-검정결과 임파1-의미성, 임파3-자기결정, 임파4-영향력이 유의도 0.0001의 수준에서 임파2-능력이 0.05수준에서 통계적으로 유의한 것으로 나타났다. 즉 독립변수인 임파워먼트의 4개 요소 모두 통계적으로 영향력을 보이고 있는 것으로 확인되었다.

셋째, 독립변수를 성격유형으로 종속변수를 직무만족으로 하여 다중회귀분석을 통한 검정결과 회귀모형 F값이 p=0.000에서 10.455를 보이고 있어 유의도 0.000%에서 통계적으로 유의한 것으로 나타났다. R2는 0.226으로 나타나 22.6%의 설명력을 보이고 있다. 또한 회귀식에 투입된 변수들의 회귀계수에 대한 t-검정결과 성격2-호감성과 성격4-정서적 안정성이 0.05의 수준에서 통계적으로 유의한 것으로 나타났다. 하지만 성격1-외향성, 성격3-유능성, 성격5-개방성은 영향력이 미미하여 통계적으로 유의수준을 달성하지 못하고 있다.

넷째, 임파워먼트를 독립변수로 하여 다중회귀분석을 통한 검정결과, <표 4-9>에서 확인된 것과 같이 회귀모형 F값이 p=0.000에서 52.757을 보이고 있어 유의도 0.000%에서 통계적으로 유의한 것으로 나타났다. R2는 0.540으로 나타나 54.0%의 설명력을 보이고 있다. 그리고 회귀식에 투입된 변수들의 회귀계수에 대한 t-검정결과 임파1-의미성과 임파3-자기결정이 0.000수준에서 통계적으로 유의한 것으로 확인되었다. 그러나 임파2-능력, 임파4-영향력은 통계적으로 영향력이 미미하여 유의수준을 달성하지 못하고 있다.

3. 종합적 논의

이러한 결과를 통해 사회복지사 자격증의 유무에 따른 차이를 검정하면 우선 자격증이 있는 경우에는 성격유형과 환경에 대한 조직의 유연성 관계에서는 외향성에 영향이 있는 것으로 나타났으며, 임파워먼트와 환경에 대한 조직의 유연성의 경우에는 의미성과 영향력이 유의한 것으로 나타났다. 또한 성격유형과 직무만족과의 관계는 외향성과 유능성이 분석되었으며, 임파워먼트와 직무만족의 관계는 의미성이 영향이 있는 것으로 분석되었다. 현재 사회복지관의 구성원들이 처해 있는 가장 큰 문제 중 하나가 내부적인 업무에 너무 묶여 외부적인 활동에 제약이 있는 문제가 있다. 결국 내부의 문제 해결에만 집중하여 외부와 환경에 대한 문제를 보지 못하는 것이다. 또한 외부와의 교류도 적어 이러한 문제가 더 심각하게 발생할 수도 있다. 본 분석결과에도 조사되었듯이 결국 복지관의 조직구성원들은 좀 더 외향적인 성격과 업무를 가질 때 환경에 더 잘 적응하고 직무에 대한 만족도 높아지는 것으로 나타났으며 따라서 이러한 문제에 대한 정책적 배려가 필요할 것으로 사료된다. 또한 사회복지사 자격증을 소지한 공무원의 경우 좀 더 자극을 주어 일에 충실히 할 수 있도록 유도하는 환경이 마련되어야 할 것이다.

그 외 임파워먼트의 활용을 통한 조직효과성의 극대화를 위해서는 복지기관에서 근무하는 현재의 업무가 보람 있고 의미 있는 일이라는 자부심을 심어 주어 보다 업무의 만족과 효율성을 높이기 위해 노력해야 할 것이다. 자격증을 소지한 복지기관의 조직구성원들은 현재의 업무에 보다 집중할 수 있도록 자격증에 대한 인센티브와 함께 여러 혜택과 방안을 마련하는 것도 조직효과성을 위해 의미 있는 일이 될 수 있을 것이다.

자격증이 없는 경우에는 성격유형과 환경에 대한 조직의 유연성 관계에서 호감성에 영향이 있는 것으로 나타났으며, 임파워먼트와 환경에 대한 조직의 유연성의 경우에는 모두가 유의한 것으로 나타났다. 또한 성격유형과 직무만족과의 관계는 호감성과 정서적 안정성이 분석되었으며, 임파워먼트와 직무만족의 관계는 의미성과 자기결정력이 영향이 있는 것으로 분석되었다.

이러한 결과는 자격증을 소지한 사람들과 달리 현재의 업무에 상당한 호감을 가지고 있으며 그러한 호감이 더 늘어날 수 있는 방향 설정이 필요할 것이다. 자격증 미소지자의 경우 정서적 안정성에 대한 결과도 분석되고 있는데 그 이유는 자격증을 소지하지 않은 결과에 대한 미래의 불안감이 반영된 결과로 주변 환경 및 조직의 여건에 따라 현재의 상황이 달라질 수도 있다는 것을 의식하고 있는 결과라 할 수 있다.

따라서 보다 안정적인 환경에서 근무할 수 있는 여건의 변화가 가장 중요한 선결요건이 될 것이며, 그에 따른 조직구성원들의 융화와 화합에도 심혈을 기울여야 할 것으로 판단된다. 또한 자격증을 소지하지 아니한 조직구성원의 경우 업무에 호감을 갖고 열심히 일할 수 있도록 유도하며, 환경적으로도 자부심을 가지고 일할 수 있는 환경을 만들어 주는 것이 중요할 것이다.

그리고 자격증 미소지자가 불안을 해소하고 조직효과성을 높이기 위해서는 사회복지기관의 전체적인 업무에 대한 긍정적인 의미부여와 함께 자기결정력을 키울 수 있도록 재량권을 부여하는 것도 고려해 볼 수 있을 것이다.

결론적으로 복지기관에 근무하는 조직구성원들은 자격증의 소지 유무와 상관없이 일에 대한 명확한 의미부여와 긍정적 사고방식을

가질 수 있도록 하는 조직 내외의 정책적 배려가 필요할 것이며, 조
직구성원 간의 화합을 이룰 수 있는 여러 복지시스템과 업무체계를
구축해야 할 것이다.

제 4 절 분석결과의 정책적 시사점

전체적인 분석의 결과는 앞서 논의한 것과 같이 성격유형은 조직효과성에 정서적 안정성과 유능성 그리고 외향성과 호감성이 영향을 미치는 것으로 나타났다. 이러한 결과는 사회복지 조직구성원의 성격요인들이 개방성 이외에는 모든 요인들을 다 보이는 것으로 나타나고 있으며 따라서 사회복지 조직구성원들을 보다 효과적으로 관리·운영하기 위해서는 이러한 성격요인들을 고려해야 할 것으로 판단된다. 또한 임파워먼트와 조직효과성의 경우도 거의 대부분이 각 부분에서 유의한 것으로 나타나 임파워먼트를 높임으로써 조직효과성의 증진을 가져올 수 있을 것이다.

또한 복지기관별의 경우 각 복지기관마다 특색 있는 성격유형이 조사되었는데 이는 기관의 성격에 따른 조직구성원 성격변화도 감지할 수 있는 것으로 분석되었다. 따라서 복지기관의 유형에 따른 인원의 충원과 교육도 고려해 볼 수 있을 것이며, 조직효과성을 높이기 위해서는 모든 임파워먼트적인 요소를 활성화시켜야 할 것이다.

사회복지사 자격증의 유무에 따른 차이도 성격유형에는 좀 다른 차이를 보이고 있으며 따라서 영향을 맺는 관계도 다를 것으로 분석된다. 결국 사회복지사 자격증을 소지한 그룹이 더 외향적이며 개방적이고 그렇지 못한 그룹의 경우 성실하고 호감이 있기는 하나 창의적인 일을 하지는 않는 것으로 분석되었다.

또한 임파워먼트의 경우는 자격증의 유무에 따라 동기부여가 되고 안 되고의 차이와 함께 의미부여와 자기결정력 부분에서도 차이가

있는 것으로 나타났다. 따라서 이러한 차별이 생기지 않도록 제도적
인 장치를 마련할 필요가 있으며 자격증의 경우도 실제 복지기관에
근무하는 사람의 경우는 허가해 주는 방안도 고려해 볼 수 있을 것
이다.

결국 사회복지 조직구성원의 성격유형, 임파워먼트와 조직효과성
의 관계는 기존의 연구들과 마찬가지로 상당한 영향력이 있으며, 따
라서 성격유형과 임파워먼트의 정확한 분석, 즉 사회복지 조직구성
원의 조직 및 업무진단을 통해 조직의 효과성을 극대화할 수 있도록
노력해야 할 것이다. 또한 사회복지 조직구성원의 경우 이러한 분석
결과를 토대로 부족한 부분을 보충하고 사회복지 조직구성원으로서
의 자부심과 신뢰를 가져야 할 것이다.

이러한 분석결과에 따른 정책적 시사점을 살펴보면 다음과 같다.

사회복지시설에 근무하는 종사자들의 경우 기존의 선행연구에서
조사된 결과와 마찬가지로 성격유형과 임파워먼트가 조직효과성에
영향을 미치는 것으로 나타났으며, 따라서 이에 따른 사회복지기관
구성원들의 적절한 인적자원의 관리가 필요할 것이다.

구체적으로 사회복지 조직구성원들의 업무를 제대로 파악하고 진
단해야 할 필요성이 제기된다. 즉 연구의 분석결과 복지관 유형 차
이와 자격소지 차이에 따라 성격유형에 큰 차이가 존재하였으며, 이
러한 결과는 정확한 직무분석을 통한 조직구성원의 업무파악을 통해
조직의 효과성을 제고하는 계기를 마련할 수 있을 것이다. 그러나
본 연구는 단지 설문결과에 의한 조사로 인해 조직구성원들의 특징
을 정확히 집어내지 못한 한계가 존재하며 그 지표 또한 일반적인
것으로 나타내기 어렵기 때문이다.

인적자원의 관리는 그 인적자원의 특징과 능력을 어떻게 판단하느
냐에 따라 달라질 수 있으며, 또한 교육과 관리에 따라 달라질 수

있다. 복지기관의 조직구성원들은 특히 다른 일반 조직구성원과 다른 업무를 수행한다는 것을 인식하고 그에 따른 정확한 업무파악이 선행되어야 할 것이다.

사회복지 조직구성원들의 조직효과성을 높이기 위해서는 구성원들에 대한 인센티브의 도입이 필요할 것으로 보인다. 즉 사회복지기관 조직구성원의 성격유형과 직무만족에 대한 조사결과 정서적 안정성, 호감성, 외향성 등이 복지기관별로 차이가 있는 것으로 조사되었으며, 이러한 결과는 현재 사회복지 조직구성원들의 정서적 안정성, 호감성, 외향성 등을 높이기 위해서는 가장 시급한 것이 부족한 처우에 대한 문제일 것이며, 그에 따른 업무의 능률도 떨어질 수밖에 없기 때문에 처우개선이 시급한 것이다.

인센티브의 경우도 각 조직구성원들의 특징과 업무에 따라 정확한 배분이 이루어져야 할 것이며, 그에 따른 평가도 보다 객관적인 운영이 필요하다. 즉 다면평가(360 degree)와 내부평가, 외부평가 등 여러 평가방법을 동원한 복지기관 구성원의 역량강화 측면에서 이루어져야 할 것이다.

또한 사회복지 조직구성원의 충원이 시급한 것으로 판단된다. 사회복지기관 조직구성원들의 성격유형에 대한 분석결과 외향성이 조직의 효과성에 많은 영향을 미치는 것으로 분석되었으며, 따라서 대인관계 등이 조직효과성에 많은 영향을 미치는 것으로 나타나고 있다. 그러나 실제 복지기관의 경우 근무인원이 턱없이 부족한 현실이며, 대인관계를 원만히 할 만한 직원도 일부에 불과하여, 대화의 상대도 복지수혜자들이어서 그에 따른 조직효과성, 즉 업무효율이 떨어질 수 있다는 것이다.

대부분의 복지기관은 적은 수의 조직구성원을 통해 운영되는 경우가 많으며, 이러한 조직구성원들이 프라이드를 가지고 일할 수 있는 여건조성이 필요할 것이다. 또한 다른 복지기관과의 교류와 함께 협력의 장도 고려해 볼 수 있으며, 각 기관의 특징에 따른 인재풀의 구성도 고려해 볼 수 있을 것이다.

그리고 사회복지 조직구성원의 경우 유능성을 가진 구성원은 조사결과 복지기관 및 업무에 대한 만족도가 떨어지는 것으로 나타났다. 따라서 조직구성원이 만족을 느낄 수 있게 하는 나름대로의 의미부여가 필요할 것으로 판단된다. 즉 정말 보람된 일을 하고 있다는 의미부여가 부족함으로 인해 지속적인 업무의 효율성 증가가 일어나지 않고 있으며, 따라서 그에 따른 보완책이 필요할 것이다.

복지기관의 업무 자체가 일반적으로 창의적인 일이라기보다는 인내심을 갖고 하는 경우가 많기 때문에 위와 같은 문제가 발생하게 되는 데 따라서 좀 더 창의적이고 협력과 화합을 이룰 수 있는 업무를 개발하고 활용하는 데 힘을 쏟아야 할 필요성이 있다.

또한 앞서 논의한 바와 같이 자격증을 소지하건 소지하지 않건 간에 각자의 임무와 역할에 대한 명확한 구분을 통해 역할갈등이 일어나지 않도록 유도해야 할 것이다.

마지막으로 사회복지 조직구성원의 자격증 획득 기회를 부여해야 한다. 연구의 분석결과 자격증의 소지자의 경우 호감성은 떨어지나 유능성과 외향성을 가지고 있는 것으로 조사되었으며, 미소지자의 경우 호감성에 유의미한 차이가 있는 것으로 나타났다. 따라서 좀 더 유능한 사회복지기관의 조직구성원을 확보하기 위해서는 자격증이 필수적일 것이며, 자격증의 여부에 따라 조직효과성이 제고될 수 있을 것이다.

복지기관의 조직구성원들은 근무경력과 근무에 대한 만족도 등을 고려하여 좀 더 쉽게 자격을 획득할 수 있는 방안의 마련이 필요할 것이며, 자격증도 현재보다 좀 더 세분화된 자격증 제도를 도입하여 노인과 장애인 그리고 일반 복지사무 등을 구분할 수 있는 제도가 필요할 것이다.

사회복지기관의 조직구성원들은 결국 선행연구에서 나타난 일반의 조직구성원들과 마찬가지로 성격유형과 임파워먼트에 여러 차이가 있으며, 특히 본 연구에서 주로 살펴본 복지기관의 유형과 자격소지 여부 등이 차이가 있는 것으로 분석되었다. 따라서 이러한 차이를 어떻게 효율적으로 활용할 수 있을 것인가에 대한 논의와 함께 조직의 성과를 높이기 위해서는 어떠한 정책적 노력이 필요할 것인가에 대해 보다 심도 있는 고민이 필요할 것이다.

결론적으로 이러한 성격유형과 임파워먼트 조직효과성의 관계에 관한 분석 및 결과에 대한 정책적 제고를 통해 사회복지 조직구성원의 사기가 높아진다면 결국 복지국가로 가는 길을 한 단계 업그레이드시킬 수 있는 계기가 될 수 있을 것이다.

결론 및 시사점

제 6 장

제 1 절   연구의 요약 및 시사점

개인의 성격은 자신이 종사하고자 하는 직업을 선택하거나 적응하는 데 영향을 미칠 뿐 아니라 실제로 직업생활을 하는 조직이나 직무특성과 개인이 상호 적응하는 패턴에 따라 조직의 성과나 개인의 만족에 영향을 미치게 된다. 즉 사회복지사의 내적 특성과 외적 환경 간의 상호작용에 의해 결정된다는 것이다.

심리학자들은 여러 부정적인 연구결과에도 불구하고, 성격특성들이 직무수행에 직접적인 영향을 미친다고 믿어 왔다. 1960년대를 전후하여 본격적으로 제안된 성격의 5요인 모형은 심리학자들로부터 개인의 성격특성에 대한 개인차를 설명해 주는 포괄적이면서도 안정적인 구조로 인정받아 왔으며, 더 나아가 기업의 성과와 관련된 다양한 연구를 이끌어 왔다. 5요인 모형의 요인 구조상의 적절성이나 타당도에 관한 논란이 있기는 하나 가장 대표적인 모형으로서의 위상과 영향력을 인정받고 오히려 이제 활용 연구들이 본격화되고 있는 추세이다.

본 연구는 사회복지기관에 근무하고 있는 조직구성원들을 대상으로 이들의 성격유형과 임파워먼트에 따라 조직효과성에 어떠한 영향을 미치는지를 알아보고자 실증연구를 시도하였으며, 본 연구의 실증 분석결과를 요약하면 다음과 같다.

첫째, 경기 북부지역 사회복지기관에 근무하고 있는 조직구성원들을 대상으로 분석한 결과 조직구성원의 성격유형, 임파워먼트가 조직의 효과성에 영향을 미치고 있으며, 그러한 영향요인들은 결국 어느 한 수준이 높아질수록 조직의 효과성도 높아짐을 알 수 있었다. 또한 조직구성원의 직장에 대한 의미성과 직장 내에서 자신이 지니는 영향력이 커지면 커질수록 직무만족도가 높아짐을 알 수 있었다.

또한 성격유형에 있어서는 개방성 이외에는 대부분이 의미가 있는 것으로 나타났으며 따라서 이는 업무가 과중하다고 느끼거나 정서적으로 불안정함을 느끼게 될 경우 직무만족도는 떨어지는 결과로 이전 선행연구를 어느 정도 뒷받침하는 것으로 판단할 수 있을 것이다.

결국 조직의 성과를 높이기 위해서는 직무만족을 높여야 할 것이며, 사회복지기관 조직구성원들의 경우 직장에 대한 의미를 높이기 위한 여러 대안과 함께 정서적 안정을 누릴 수 있는 환경에 대한 조성이 필요한 것으로 나타났다.

둘째, 복지기관의 유형에 따른 성격유형, 임파워먼트와 조직효과성과의 관계는 각 복지관의 유형에 따라 조직효과성을 느끼는 지표가 다른 것으로 나타났다. 즉 성격 5요인이 종합복지관의 경우는 정서적 안정성과 유능성이, 노인복지관의 경우는 호감성이, 장애인복지관의 경우는 모두 영향력이 없는 것으로 분석되어 복지기관별 차이가 있는 것으로 분석되었다. 또한 임파워먼트의 경우에도 복지기관별로 차이가 있어 각 복지관의 특성에 맞는 환경 및 직무만족 모형이 필요한 것으로 나타났다.

복지기관의 유형에 따른 분석결과 복지기관의 특성에 따른 적절한 인적자원의 관리를 통해 복지기관의 조직효과성 제고와 함께 보다 적절하고 유능한 인재를 유치할 수 있는 기반을 마련해야 할 것이다.

셋째, 사회복지사 자격 유무에서는 사회복지사의 업무 특성상 조직환경에 대한 적응 및 대응력보다는 직무만족에 따른 효과성이 강하다는 것을 알 수 있었다. 이는 사회복지사들은 자신의 업무가 조직환경에 의해 영향을 미친다기보다는 자신들의 직무만족이 중요한 부분을 차지하고 있음을 알 수 있다. 따라서 사회복지사 자격을 갖춘 집단의 경우 이들의 직무만족을 위한 복리후생이나 인센티브, 급여 등의 선진시스템의 도입을 통한 직무만족을 위한 시스템 도입이 고려되어야 할 것이다. 또한 미소지자의 경우는 성격유형에서는 '정서적 안정성'과 '호감성'이 임파워먼트에서는 '의미성'과 '영향력', '자기결정력'이 중요한 의미가 있는 것으로 보여진다. 그러나 직무만족에 있어서는 단지 임파워먼트 변수 중에서 '의미성'과 '자기결정'만이 영향을 주고 있는 것으로 나타나고 있다. 또한 사회복지사 자격 미소지자 집단에서는 성격유형과는 별도로 업무의 임파워먼트 중 자신의 업무가 중요함을 인지하도록 하는 것이 직무만족에 중요한 영향을 미치는 것을 알 수 있었다.

따라서 미소자자의 경우에는 자격증 소지를 위한 방안을 마련하여 조직에 좀 더 적극적으로 참여할 수 있는 계기를 마련하는 것이 중요할 것이며, 그에 따른 정부의 정책적 노력이 필요할 것이다.

제 2 절 연구의 한계

본 연구는 다음과 같은 한계를 가진다.

우선 성격유형에 대한 유형화와 해석의 문제가 논의될 수 있으며, 좀 더 한국적인 성격유형과 측정도구의 개발이 필요할 것이다.

또한 표본집단 선정에 대한 문제로 본 연구에서는 경기 북부지역에 위치한 사회복지기관에서 근무하는 구성원들을 대상하며 대표성에 대한 문제가 제기될 수 있으므로 후속연구에서 이러한 문제를 해결할 필요가 있을 것이다.

마지막으로 본 연구가 더욱더 발전하기 위해서는 성격유형 및 조직효과성과 관련된 보다 정밀한 측정변수의 개발로 다양한 연구결과들을 도출할 필요가 있을 것이다.

참고문헌

1. 국내문헌

1) 단행본

권기성(1990). 「행정학」. 형설출판사

김인수(1991). 「거시조직이론: 조직설계의 이론과 실제」. 무역경영사.

김　훈(2004). 「사회복지법제론」. 학지사.

노형진(1999). 「다변량 데이터의 통계분석」. 석정.

박원우(2002). 「임파워먼트 실천매뉴얼」. Sigma Consulting Group.

백기복(2002). 「조직행동연구: 조직과 인간의 새로운 만남」. 창민사.

양창삼(1994). 「조직행동의 이해」. 법문사.

오세덕 외(2004). 「조직행태론」. 동림사.

유영옥(1998). 「경영 조직론」. 학문사.

이창원·최창현(1998). 「새 조직론」. 대영문화사.

최성재·남기민(1993). 「사회복지행정론」. 나남.

홍숙기(2004). 「성격심리 (상)」. 박영사.

2) 학위논문 및 학술지 논문

권기성(1982). 조직인의 행동과 관리전략에 관한 연구, 박사학위논문, 단국대학교.

강철희(2001). 사회복지기관 사회복지사의 임파워먼트-영향요인 및 임파워먼트 제고 과정에 대한 탐색. 한국사회복지행정과 임파워먼트, 한국사회복지행정학회 2001년 추계학술대회 및 Workshop. 35-61.

강철희·윤민화(2000). 사회복지사의 임파워먼트에 영향을 미치는 요인에 관한 연구: 지역사회복지관 사회복지사를 중심으로. 「한국사회복지학」, 41: 7-42.

권경득·임정빈(2003). 지방정부 조직성과의 결정요인에 관한 연구: 조직 내 요인을 중심으로, 「한국행정논집」, 15(1): 131-153.

김도영·유태용(2002). 성격의 5요인과 조직에서의 맥락수행 간의 관계, 한국 산업 및 조직심리학회, 「한국심리학회지」, 15 (2).

김성동(2003). 리더십 유형이 집단적·개별적 성과에 미치는 영향에 관한 연구: 호텔조직을 중심으로, 박사학위논문, 경기대학교.

김성수(2004). 조직 내 집단갈등이 조직유효성에 미치는 영향에 관한 연구, 박사학위논문, 호서대학교.

김우택(1996). 조직구성원의 역량제고를 위한 임파워먼트 과정에 관한 연구, 박사학위논문, 서강대학교.

김인숙·우국희(2002). 사회복지사가 인식하는 임파워먼트의 의미에 관한 질적 연구: 한국에서 임파워먼트 실천 가능한가?, 「한국사회복지학」, 49: 34-61.

김종진(2005). 리더십과 조직문화가 조직유효성에 미치는 영향: 국립대학을 대상으로, 박사학위논문, 충북대학교.

남재봉(1999). 관리자의 성격유형과 직무성과와의 관계성 고찰, 1999년 한국 산업 및 조직심리학회 추계 학술대회 발표논문집. 58-76.

민병모(1998). 5요인을 통해 본 한국기업 중간관리자들의 성격특성, 1998년 한국 산업 조직심리학회 추계 학술대회 발표논문집. 19-28.

민병모(2001). 성격5요인 모형에서 개인-조직 일치도와 수행의 관계, 박사학위논문, 고려대학교.

김정헌·이곤수·송건섭(2000). 사회복지전문요원의 공직몰입에 결정요인, 「한국행정논집」, 12(1): 109-127.

박선아(1995). 조직문화, 리더십, 직무특성이 임파워먼트(Empowerment)에 미치는 영향에 관한 연구, 석사학위논문, 숙명여자대학교.

박아청(2001). 성격의 '특성'개념에 대한 심리학적 이론의 고찰, 「교육학

연구」, 18(1): 47-68.

박원우(1996). 임파워먼트: 개념정립 및 실천방법 모색, 「경영학연구」, 26 (1): 122-128.

안범희(1979). 대인관계 이론 고찰, 연세대학교 「원우논집」, 30.

안창규·이경임(1996). NEO-PI-R 의 임상적 활용, 「한국심리학회지」, 8(1)

안창규·채준호(1997). NEO-PI-R의 한국표준화를 위한 연구, 「한국심리학회지」, 9(1): 443-473.

양병한·김기민·이선화(1996). 대학생의 성격특성 분석, 창원대학교 학생생활연구소, 「학생생활연구」, 9: 1-20.

유태용·김명언·이도형(1997). 5요인 성격검사의 개발 및 타당화 연구, 「한국심리학회지」, 10(1): 58-102.

유태용·민병모(2001). 다양한 장면에서 수행을 예측하기 위한 5요인 성격모델의 사용가능성과 한계: 국내 연구결과의 통합분석, 「한국심리학회지」, 14(2): 115-134.

유태용·박태구(1999). 신임경찰 교육장면에서 성격의 5요인 및 생활경험과 수행 간의 관계, 「한국심리학회지」, 12(2): 129-144.

유태용·이도형(1997). 다양한 직군에서의 성격의 5요인과 직무수행 간의 관계, 광운대학교 기업경영연구소, 「기업경영연구」, 5: 69-94.

윤민화(1998). 사회복지사의 임파워먼트(Empowerment)에 대한 연구-지역사회복지관의 사회복지사 중심으로, 석사학위논문, 이화여자대학교.

윤방섭(1997). 직무특성, 근로윤리와 직무태도의 관계에 있어서 임파워먼트의 매개역할에 관한 연구, 「연세대 지역발전연구」, 7: 43-62.

윤정혜(2002). 사회복지전담공무원의 직무성과에 영향을 미치는 요인에 관한 연구, 박사학위논문, 서울여자대학교.

이경임(1994). 성격에 있어서 Big Five 구조의 발달, 전북대학교 「학생생활연구소」 29: 39-68.

이경임(1995). 한국인의 NEO-PI-R요인구조와 부적응 집단 프로파일,

박사학위논문, 부산대학교.

이인석(2003). BIG 5 모델의 성격요인 및 윤리적 가치관과 조직성과 간
　　의 관계, 「경영학연구」, 32(6): 1593-1621.

임주영(1999). 비서의 임파워먼트(Empowerment)에 영향을 미치는 요인
　　에 관한 실증 분석 연구, 박사학위논문, 이화여자대학교.

장상태(2002). 호텔레스토랑 지배인의 리더십이 종업원의 임파워먼트 및
　　조직유효성에 미치는 영향, 박사학위논문, 세종대학교.

정재욱(1991). 리더십의 조직효과성에 대한 연구, 「중앙행정논집」, 5
　　(20): 63-102.

정해주(1998). 임파워먼트가 직무만족 및 조직몰입에 미치는 영향에 관
　　한 연구. 석사학위논문, 서울대학교.

최명민(2002). 사회복지사의 셀프-임파워먼트 프로그램의 개발 및 효과
　　성 연구-정신보건사회복지사 중심으로, 박사학위논문, 이화여자
　　대학교.

3) 기　타

공무원 저널, 사회복지직 증원 "하룻밤의 꿈인가", 2006. 6. 23.
보건복지부 보건정책과 보도자료, 2003. 7. 14.
중앙고용정보원(2001). 「직업선호도검사 상담가이드」, 한국산업인력공단.

2. 외국문헌(단행본, 논문순)

Block, P.(1987). *The Empowered Manager*. San Francisco: Jossey-Bass.
Borgatta, E. G.(1964). *Quick Word Test: Level 1-Form CM*. New
　　York: Harcourt, Brace and World.
Brief, A. P., & Nord. W. R.(1990). *Meaning of Occupational Work*.

MA: Lexington Books.

Brockner, J.(1998). *Self−esteem at Work: Research, Theory and Practive. Lexington.* MA: Lexington Books.

Cattell, R. B.(1946). *The Description and Measurement of Personality.* New York: Harcourt, Brace & World.

Clutterbuck, D.(1994). *The Power of Empowerment.* Kogan Page.

Etzioni, Amitai.(1964). *Modern Organizations.* Englewood Cliffs. NJ: Prentice−Hall, Inc.

EYSENCK, H. J.(1947). *Dimensions of Personality.* London, U. K.: Routledge & Kegan Paul.

Foy, N.(1994). *Empowering People at Work.* Gower Publishing Ltd.

Hackman, J. R. & Oldman, G. R.(1980). *Work Design.* NY: Addison−Wesley.

Hall, D. T. & Lawrence, B. S.(1995), *Handbook of Career Theory.* New York: Cambridge University Press.

John, O. P.(1990). The Big Five Factor Taxonomy: Dimensions of Personality in the Natural Language and in Questionnaires. In L. A. Pervin (Ed), *Handbook of Personality Theory and Research.* 66−100, New York: Guiford Press. 72.

Kats, D. & Kahn, R.(1996). *The Social Psychology of Organization.* John Wiley & Sons. New York.

Kinlaw, D. C.(1995). *The Practice of Empowerment: Making the Most of Human Competence. Hampshire.* England: Gower.

Mischel, W.(1986). *Introduction to Personality*, 4th Eds. New York: Holt, Rinehart and Winston.

Sullivan, H. S.(1953). *The Interpersonal Theory of Psychiatry.* New York: Norton.

Vogt, J. F. & Murrell, K. L.(1990). *Empowerment in Organizations: How To Spark Exceptional Performance.* Pfeiffer & Company. 69.

Wiggins, G. B.(1996). *Larvae of the North American Caddisfly Genera.* 2nd Edition. University of Toronto Press. Toronto. 457.

Allport, G. W., & Odbert, H. S.(1936). Trait−Names: A Psycho−lexical Study. P*sychological Monographs.* 47: 211.

Bandura, A.(1982). Self−Efficacy Mechanism in Human Agency. *American Psychologist,* 37(2). 122−147.

Barrick, M. R. and Mount, M. K.(1991), The Big Five Personality Dimensions and Job Performance: A Meta−Analysis, P*ersonnel Psychology.* 44. 1−26.

Bell, N. E., & Staw, B. M.(1989). *People as Sculptors Versus Sculpture: the Role of Personality and Personal Control in Organizations.*

Bowen, D. E. & Lawler, E. E.(1992). The Empowerment of Service Workers: What, Why, How and When. *Sloan Management Review,* Spring. 31−39.

Brockner.(1988). The Effects of Work Layoffs on Survivors: Research, Theory and Practice. *Research in Organizational Behavior* 10: 213. 55.

Burnham, C. R.(1968). A new Method of Using Interchange as Chromosome Markers. *Crop Science* 8: 357−360.

Burke, R. D., D. G. Brand, and B. W. Bisgrove.(1996). *Structure of the Nervous System of the Auricularia Larva of Parasticopus Californicus.* Biol. Bull. 170: 450−460.

Buss, D. M.(1989). Sex Differences in Human Mate Preferences: Evolutionary Hypotheses Tested in 37 Cultures. B*ehavioral and Brain Sciences.* 12: 1−49.

Cattell, R. B.(1943). Fluctuation of Sentiments and Attitudes as a Measure of Character Integration and Temperament. *American Journal of Psychology.* 56: 559−594.

Cattell, R. B.(1947). Oblique, Second Order, and Cooperative Factors in Personality Analysis. *Journal of General Psychology.* 36. 3 − 22.

Cattell, R. B.(1948). Concepts and Methods in the Measurement of Group Syntality. P*sychological Review.* 55. 48 − 63.

Conger, J. A. & Kanung, R. N.(1988). The Empowerment Process: Integrating Theory and Practice, *Academy of Management Review.* 13(3): 471 − 482.

Conger J. A.(1989). Leadership: The Art of Empowering Others, *Academy of Management Executive.* 3(1): 17 − 24.

Deci, E. L., Connell, J. P. & Ryan, R. M.(1989). Self − Determination in a Work Organization, *Journal of Applied Psychology.* 74. 580 − 590.

Digman, J. M., & Takemoto − Chock, N. K.(1981). Factors in the Natural Language of Personality. *Multivariate Behavioral Research.* 16. 149 − 170.

Field, D. & Millsap, R. E.(1991). Personality in Advanced Old Age: Continuity or Change. *Journal of Gerontology.* 46. 299 − 307.

Georgiou, P.(1973). The Goal Paradigm and Notes Towards a Counter Paradigm. *Administrative Science Quarterly.* 291 − 310.

Gist, M.(1989). Self − Efficacy: Implications of Organizational Behavior and Human Resource Management. *Academy of Management Review.* 12(3). 471 − 485.

Gutierrez, L., GlenMaye, L., & DeLois, K.(1995). The Organizational Context of Empowerment Practice: Implications for Social Work Administration. S*ocial Work* 40(2): 249 − 258.

Hurtz G. M. and Donovan J. J.(2000). Personality and Jobperformance: The Big Five Revisited, *Journal of Applied Psychology.* 85. 6. 869 − 879.

Kanter, R. M.(1979). Power Failure in Management Circuits. H*arvard*

Business Review. 57(4). 65 − 75.

Keely. S. L. Jr, T. M. Lincoln, and J. D.(1978). *Corbin Interaction of Acetylcholine and Epinephrine on Heart Cyclic AMP −Dependent Protein Kinase Am J Physiol Heart Circ Physiol* 234: H432 − H438.

McCrae, R. R.(2002). NEO − PI − R Data from 36 Cultures: Further Intercultural Comparisons. In R. R. McCrae & A. J. (Eds.), *The Five −Factor Model Across Cultures.* 105 − 126. New York: Kluwer Academic/Plenum Publishers.

Mehra NK(1998). *Genetic Diversity of HLA Polymorphism and New Genes.* Indian J Human Genetics. 4: 1 − 12.

Phares, E. J.(1984). *Instruction to Personality. Columbus*, OH: Charles E. Merrill.

Salgado, J. F.(1997). The Five Factor Model of Personality and Jobperformance in the European Community, *Journal of Applied Psychology.* 82(1): 30 − 43.

Sampson, Geoffrey.(1989). Language Acquisition: Growth or Learning? *Philosophical Papers* 18. 203 − 240.

Seashore, S & Yuchtman, E.(1967). Factorial Analysis of Organizational Performance. *Administrative Science Quarterly.,* 12: 377 − 395.

Spreitzer, G. M.(1995). Psychological Empowerment in the Workplace: Dimension, Measurement, and Validation. *Academy of Management Journal.* 38: 1442 − 1465.

Staples, L. H.(1990). Powerful Ideas and Empowerment. *Administration in Social Work.* 14(2): 29 − 42.

Starbuck, William H.(1965). Organizational Growth and Development. In J. G. March (ed.). *Handbook of Organizations:* 451 − 533. Chicago: Rand McNally.

Szilagyi, A. D., Sims, H. P., & Keller, R. T.(1976). Role Dynamics,

Locus of Control, and Employee Attitudes and Behavior. *Academy of Management Journal.* 19: 259 − 279.

Thomas, K. W. & Velthous, B. A. B.(1990). Cognitive Elements of Empowerment: An Interpretive Model of Intricsic Task Motivation. *Academy of Management Review.* 15. 666 − 681.

Tupes, E. C., & Christal, R. E.(1961). *Recurrent Personality Factors Based on Trait Ratings.* USAF ASD Technical Report. 61 − 97.

Walter C. Borman, Stephan J. Motowidlo,(1997). Organizational Citizenship Behavior and Contextual Performance: A Special Issue of Human Performance. *Human Performance.* 10(2). 25 − 34.

Wellins, R. S.(1992). Building a Self − Directed Work Team. *Training & Development.* 46(12). 24 − 28.

Yukl, G.(1989). Managerial leadership: a Review of Theory and Research. *Journal of Management.* 15(2). 251 − 289.

김 재 경

-약 력-

    성균관대학교 (교육학 석사)

    광운대학교 (사회복지학 석사/ 행정학 박사)

    광운대학교 정보복지대학원 강사

    법무부 교정위원회 교화위원

    경기일보 자문위원

    2008년도 전국 전문대학 사회복지과 학과평가 기준개발위원

    현, 경민대학 사회복지과 교수 및 행정지원처장

        의정부시 장애인복지위원회 위원 / 의정부시 건강가정지원센터 운영위원

        의정부 외국인 근로자 지원센터 자문위원

        국민건강보험공단 노인장기요양보험 지역협의회 위원

        한국도의교육진흥회 이사

        한국청소년 문화진흥협회 이사

        미국 하와이 한국독립문화원 이사

-저서 및 논문-

    「사회복지법제론, 가족복지학」

    『성격유형에 따른 조직효과성에 관한 연구』

    『실버산업에서 노인교육훈련 중요성 및 개선방안에 관한 연구』

    『노인복지기관 구성원의 성격요인에 따른 조직의 유효성 연구』등 다수

성격유형에 따른 조직효과성 분석

- 초판 인쇄   2008년 9월 20일
- 초판 발행   2008년 9월 20일

- 지 은 이   김재경
- 펴 낸 이   채종준
- 펴 낸 곳   한국학술정보㈜
         경기도 파주시 교하읍 문발리 513-5
         파주출판문화정보산업단지
         전화 031) 908-3181(대표) · 팩스 031) 908-3189
         홈페이지 http://www.kstudy.com
         e-mail(출판사업부) publish@kstudy.com
- 등   록   제일산-115호(2000. 6. 19)
- 가   격   21,000원

ISBN   978-89-534-9976-8 93350 (Paper Book)
        978-89-534-9977-5 98350 (e-Book)